MIGUEL ANGEL ROCA

MIGUEL ANGEL ROCA

Texts by/Textos de

Jorge Glusberg, Oriol Bohigas & Miguel Angel Roca

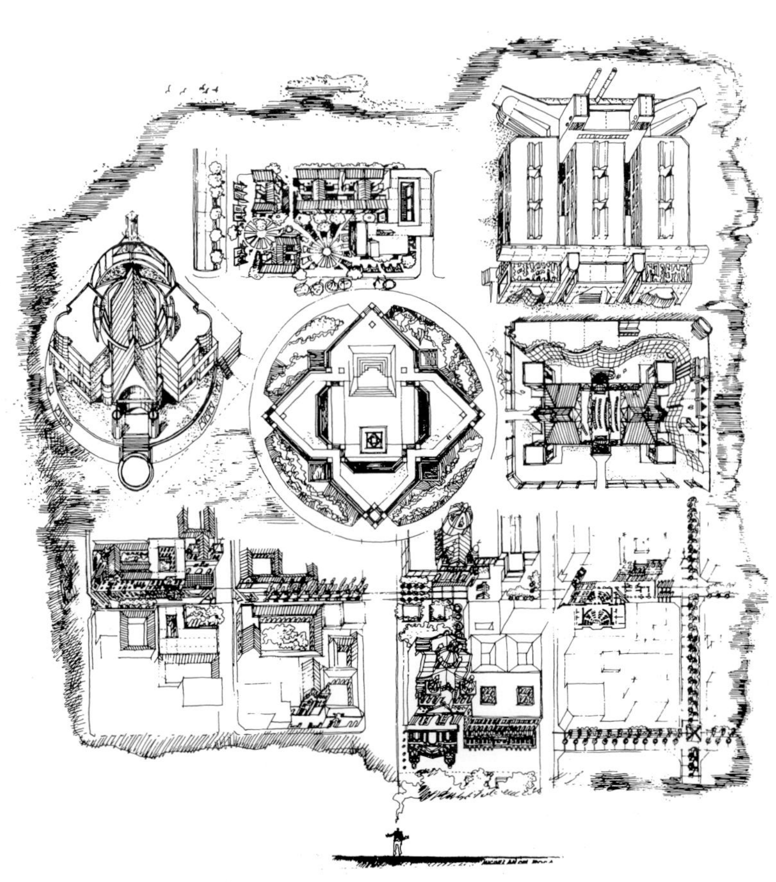

ACADEMY EDITIONS • LONDON/ST MARTIN'S PRESS • NEW YORK

First published in Great Britain in 1981
by Academy Editions 7 Holland Street London W8

Second edition 1985

Printed and bound in Hong Kong

CONTENTS

INDICE

THE ARCHITECTURE OF MIGUEL ANGEL ROCA: A BLEND OF OPPOSITES
Jorge Glusberg

Besides being an architect, Miguel Angel Roca is a painter, a writer and a university professor. The union of opposites implied in this combination of creative and theoretical pursuits is paralleled by the blend of youthfulness and maturity found in his architecture. This graduate of the class of 1963 has designed and built throughout Argentina. But his success has not been accompanied by a withdrawal into the seclusion of his studio. Rather, he has incessantly striven to embody the idea that architectural design is a process that involves a direct relationship with the future residents or users of the work in question.

Roca's designs and built forms are paradigms of a Post-Modern poetics. Roca studied at Córdoba University, where he took up a lectureship after three years' study with Louis Kahn. Kahn redefined Modern architecture; unlike today's Post-Modernists, he embraced Modernism without subsequently rejecting it. His Argentinian pupil has adhered to this principle, although his methodology and design techniques differ from those of his master.

Innumerable projects have poured out of his studio for over a decade. Dozens of works have sprung up all over Argentina, in places ranging from the urban sprawl of Buenos Aires to towns in the outlying provinces. These obviously differ according to the nature of the brief—residential blocks, community centres, low-rise housing developments, office blocks, shopping arcades, banks and churches. Nonetheless, all these works are integrated in a distinctive building rhetoric.

In his critical writings and in forms more accessible to the public, Roca has vividly expounded both the question of the essential distinction between urban planning and architecture, and the insight or understanding that these fields do have an influence on each other.

For the past four years, Roca has been Secretary of Public Works of the Córdoba City Council. During that time, his native city has changed at a dizzying pace. In this connection, Roca's role as a questioner and challenger outweighs his administrative work, his programme or the performance of his official duties. He has stimulated—and excited—his fellow citizens. He has exasperated and confused them. He has forced them to engage in heated discussions on the fundamental themes of their society, culture and the nature of their lives.

LA ARQUITECTURA DE MIGUEL ANGEL ROCA: LA FUSION DE CONTRARIOS
Jorge Glusberg

No es sólo un arquitecto. También es pintor, escritor, catedrático. La fusión de contrarios que connota la síntesis de creador y teórico se corresponde con otra: la juventud y madurez conjuntas de Miguel Angel Roca. Porque este graduado de 1963, que proyectaba y construía en toda la extensión del país, no se encerró en su despacho, sino que ha seguido concibiendo la creación arquitectónica como un proceso que incluye la relación directa con el futuro habitante o con el usuario.

Las obras que ha soñado, proyectado y construido son paradigmas de una poética post-modernista. Alumno de la Universidad de Córdoba, volvió a ella como profesor después de estudiar tres años junto a Louis Kahn, el gran maestro. Kahn redefinió lo moderno, asumiéndolo, sin renegar de él, a diferencia de los post-modernistas de hoy. Su discípulo argentino ha permanecido fiel a esa lección, aun apartándose de su metodología y su diseño.

Los incontables proyectos que por más de una década han salido de su estudio, las decenas de obras que han germinado en toda la extensión del país, desde la tentacular Buenos Aires hasta las poblaciones de las provincias perisféricas, son, por supuesto, diferentes por la naturaleza del encargo—conjuntos habitacionales, centros comunitarios, viviendas de propiedad horizontal, edificios de oficinas, galerías comerciales, bancos, iglesias— pero se integran en una inconfundible retórica constructiva.

Roca ha logrado plantear vívidamente ante los ojos de la crítica y del público el problema de la necesaria diferenciación, por un lado, entre los hechos urbanos en cuanto tales y la arquitectura en sí, y por el otro la intuición o la comprensión de que ambos componentes influyen cada uno sobre el otro.

Durante los últimos cuatro años fue nombrado Secretario de Obras Públicas de la Municipalidad de Córdoba, y su ciudad natal se ha transformado vertiginosamente. Más importante que su gestión, su programa, su tarea concreta, es su actividad como provocador. Ha incitado—y excitado—a cada uno de sus conciudadanos. Los ha irritado y confundido. Los obligó a discutir acaloradamente sobre los temas primordiales de su sociedad y su cultura.

La polémica permitió obtener algunas conclusiones generalmente compartidas. La población ha comprendido que el espacio

This polemical approach has led to a number of broadly shared conclusions. The population seems to have understood Roca's view of public space as the essential raw material and basic setting of all events in the lives of the inhabitants of the city. Public space had never been treated in such a way as to materialize the initial schemes of Córdoba's founding fathers, which were confined to an orthogonal grid and the major landmarks of the city. Córdoba was a disjointed set of features; a catalogue, composed of fragments of an incoherent discourse. It had a river, a historic centre, several squares and a statue. It is now recognized that these elements were never articulated, and people are aware of the fact that time has taken its toll of them.

According to Roca's proposal, La Cañada, a stream flowing into the sluggish Río Primero (awkwardly situated some distance from the city centre) was to be reclaimed and refashioned into a system that would serve to articulate the physical image of Córdoba and offer a range of opportunities for interrelatedness. Roca deepened the river-bed, regulated the volume of water, laid out new stretches of water and turned the bank into a park. At the same time, he highlighted, preserved and enhanced the significant areas of the city and its architectural heritage.

In the historic centre, he designed a link between the cathedral—the venerable monument of the colonial period—in the Plaza San Martín, and the 19th-century 'green' building which configures the Plaza de Armas.

This entire area, including the Cabildo (Municipal Council building), was turned into a pedestrian mall and laid with paving stones. This eliminated the triviality of the car park which had been built in front of the cathedral. The cathedral facade was projected in white marble on the paved area, as if it were the shadow of the building. This 'celebration' of the magnificent cathedral will remind every pedestrian who steps on it of the lineage of this architectonic creation around which the city of Córdoba was built. The old city has taken on a new lease of life.

However, Roca is concerned with the material side of urban life in Córdoba as well as the cultural aspects of the city. The San Vicente and General Paz markets, which are dynamic poles of the city, are not simply market-places. They have a symbolic value in the eyes of the people who use them, for whom they represent the seal of their 'identity' as residents of a particular district. The buildings in these market-places include the community centre, a youth club, a library, a museum, a studio theatre and a small cinema.

The Plaza Mayor project is surrounded by such heavily loaded features as La Cañada and the Law Courts. This work is legitimized by the rigorously classical interpretation proposed, and also by Roca's application of the principles of order and composition to an outdoor public place.

público es, según él explica, la materia prima esencial y la escena básica de todos los acontecimientos de la vida de sus habitantes. El espacio público carecía de un tratamiento que materializara las especulaciones iniciales de sus fundadores, limitadas, sin embargo, a un tejido ortogonal y los principales emplazamientos. Era un conjunto dislocado, un catálogo, fragmentos de un discurso incoherente. Córdoba tenía un río, un centro histórico, algunas plazas y estatuas, pero ahora se reconoce que todos estos elementos no estaban articulados entre sí y se ha tomado conciencia de que el simple paso del tiempo los degradaba.

La Cañada, un arroyo que moría en el Río Primero, el cual se arrastraba penosamente lejos de la ciudad, debía ser recuperada—y el río mismo—como sistema estructurante de la imagen física de Córdoba y como abanico de posibilidades abiertas a la interrelación. Roco profundizó el cauce, reguló el caudal, tendió espejos de agua y parquizó la ribera. Al mismo tiempo, relevaba, preservaba y valorizaba las áreas significativas y el patrimonio arquitectónico.

En cuanto al centro histórico, estableció un nexo entre la Catedral, venerado monumento de la colonia, y la Plaza San Martín, edificio verde del siglo XIX, configurando la Plaza de Armas. Las dos juntas evocan la antigua Plaza Mayor.

Toda esa área, incluído el Cabildo, fue peatonalizada y pavimentada con adoquines, eliminando la trivialidad de la playa de estacionamiento que se había formado frente a la Catedral. La fachada de ésta fue proyectada por Roca en mármol blanco sobre el pavimento, como si fuera una sombra. Es una manera de ''celebrar'' el ilustre edificio. Ningún peatón, al pisarla, dejará de pensar en el abolengo de esa creación arquitectónica alrededor de la cual ha crecido Córdoba. La vieja ciudad cobró nueva vida.

Pero Roca no sólo se ha preocupado de los aspectos culturales de la vida urbana de su ciudad, sino también de los materiales. Los mercados de San Vicente y de General Paz, polos generadores de nuevas formas de vida, tienen, además de su función, un valor simbólico para los usuarios, a quienes confirma en su ''identidad barrial''. En ellos funciona la sede del centro vecinal, un club de jóvenes, una biblioteca, un museo, un microteatro y un microcine.

La obra de la Plaza Mayor cordobesa, enclavada entre elementos de fuerte significación, como La Cañada y el Palacio de Justicia, se legitima no sólo por la rigurosa interpretación clásica que propone, sino por la deliberada extensión de los principios de ordenamiento y composición a un ámbito público externo.

Roca logra así, en cierto modo, lo que Bernini se propuso en San Pedro con sus columnatas: generar una réplica en vacío de la forma cerrada de la cúpula de Buonarotti, llegando a una relación

In some degree, he achieves the kind of effect produced by Bernini's columns in St Peter's in Rome: the creation of a replica of Buonarotti's cupola and the establishment of a dual relationship between square and monument. At one time, there were considerable objections to this relationship, but it has now gained acceptance as a symbol of the shrine and the public space, and serves to foster a valuable form of interdependence.

The same principle has been applied in the case of the Law Courts. This represents a replica and city-scale extension of the monument. The elements are identical: twisting columns, as in St Peter's, which are of merely symbolic value. In St Peter's, they define the place of the congregation; in Córdoba, the place of the sovereign people. In both cases, they turn a square into a building.

The tympanum in the entrance to the Law Courts, which is reproduced over La Cañada, gives the institution a facade, a face or a presence and serves to create an urban landscape over one of the major axes of the city. The work is transformed into a densely symbolic fact by the compositional principles which call for the repetition of the four projecting corners and the four entrances which are positioned on bilateral axes in the classical mode.

The building is enhanced by a leafy grove, which survived the building work connected with the underground car park. The area behind the building is occupied by offices and council premises. It contributes to the urban and civic vitality of the complex and has seating facilities for open-air performances and civic functions in front of such significant institutions as the Town Hall and the Law Courts.

In Plaza Italia, three 'arbors' recall the Piazza Navona fountains in Rome, which are erected on hills. The arbors appear to rise from stone hills, which celebrate the origin of the three Italian rivers—the Po, the Tiber and the Arno—which flow through many illustrious cities on their way to the Mediterranean.

These symbolic features, which are quite unprecedented in the provincial cities of Argentina, give Córdoba the look of a large modern city, without detracting from its historic character and local atmosphere.

In all Roca's works, the quality of his visual proposals and the growing strength and coherence of his language create a poetic and architectonic tension which is primarily reflected in the formal aspects of his architecture. But this is the way his projects identify with urban reality; the city accepts his work and so defines itself in space and time. Roca's architecture activates people's minds and logical processes; it prepares them to embrace new values, meanings and modes of use.

biunívoca entre plaza y monumento. Enormemente resistida en una época, esa relación ha trascendido como símbolo del templum y del ámbito público, promoviendo una dependencia recíproca de incalculable valor.

El mismo principio se aplica en el caso del Palacio de Justicia. Vemos allí la réplica en vacío y la extensión a escala urbana del monumento. Los elementos son los mismos: columnas en orden envolvente, como en San Pedro, sin otro valor que el simbólico. Allí definiendo el recinto de la grey, aquí el del pueblo soberano. En ambos casos, haciendo de la plaza un edificio.

El tímpano de ingreso al Palacio, reproducido sobre La Cañada, otorga una fachada, un rostro, una presencia a la institución, y un paisaje urbano sobre uno de los grandes ejes de la ciudad. Los principios de composición, repitiendo las cuatro esquinas sobresalientes y las cuatro puertas de acceso, ubicadas sobre ejes de simetría bilaterales, como en los edificios clásicos, transforman la obra en un hecho densamente simbólico.

El conjunto se enriquece con el mantenimiento de una frondosa arboleda, que ha sobrevivido a los trabajos para la playa de estacionamiento subterránea. La recova posterior, con oficinas y locales municipales, contribuye a la vitalidad urbana y cívica del conjunto y proporciona apoyo a la gradería para espectáculos al aire libre, o reuniones cívicas, frente a instituciones tan significativas como la Municipalidad y los Tribunales.

En la Plaza Italia, tres glorietas recuerdan las fuentes de Piazza Navona, en Roma, erigida sobre colinas. Aquí las glorietas aparecen montadas en colinas de piedras que celebran el origen de los tres ríos italianos—el Po, el Tíber y el Arno—que atraviesan preclaras ciudades, corriendo hacia el Mediterráneo.

Toda esta voluntad simbólica, inédita en nuestras ciudades de provincias, inscribe a Córdoba en el marco de las grandes urbes contemporáneas, sin privarla de su atmósfera histórica y local.

En todos sus trabajos, por la calidad de su propuesta visual, por la creciente fuerza y coherencia de su lenguaje, prevalece una tensión poética y arquitectónica, que se impone ante todo como forma. Pero es así como sus obras se identifican con la realidad urbana; es así, haciéndolo suyo, como la ciudad se constituye a sí misma en el espacio y en el tiempo. La arquitectura de Roca activa la memoria de las gentes y sus procesos lógicos, las capacita para asumir valores, significados y usos.

CHAPTER 1
THE CITY

The City as work and act due to industrialization and urbanization leads to the extinction of the rural as well as the urban animal. The recovery of the City and its appropriation of space, time, body and desire must originate from the proclamation of the right to the City, to urban life as a demand whose sense (first political, then commercial and finally industrial) has disappeared in the traditional City, which in its critical point has exploded in a morphology lost in its sensitive reality. The recovery can only arise from philosophy or from art because these contain the sense of urban Work, with its renewed life and centrality, its places of meeting and exchange for its inhabitants, urban men for whom integration, participation, and appropriation are obsessions which must be made effective. Urban science with its separate branches cannot recompose the global and synthetic image of the City through a simple combination of approaches; only art and philosophy can achieve this.

Social progress today runs along the axis of the quality of urban life and follows the achievement of Urban Society now lost in isolation and segregation.

The art of spaces-times and its model, passed as means of appropriation, become 'praxis' at social scale: to live the City as a work of art. The future of art thus becomes fundamentally urban and not artistic, contributing with its contemplation of life as enjoyment and drama.

Art endeavours to manifest the image that reflects the City.

As regards urban form, just as there is no content without form there is no form without content, with a duality of existence, one mental and the other social.

Thus urban form appears to us characterized mentally by simultaneity, and socially by the encounter and the articulation of what is possible in the medium as privileged place, as encounter, work and product.

The social and individual necessities within urban society acknowledge anthropological bases in security and adventure, chaos and order, foresight and surprise, loneliness and encounter, anonymous independence and communication, immediacy and remoteness, play and work—all complementary words which presuppose one another. No less fundamental necessities are those of information, work, imagination, symbolism, entertainment and creative attitude: the necessity for enclosed spaces, meeting places, simultaneity, all qualified for change.

CAPITULO 1
LA CIUDAD

La Ciudad como obra y acto debido a la industrialización y urbanización conlleva a la extinción del animal rural e incluso del urbano. La recuperación de la Ciudad y su apropiación del espacio, del tiempo, del cuerpo y del deseo debe nacer de la proclamación del derecho a la Ciudad, a la vida urbana como exigencia cuyo sentido ha desaparecido en la Ciudad tradicional (primero política, despues comercial y finalmente industrial), que en su punto crítico ha explotado en una morfología perdida en su realidad sensible. La recuperación solo puede provenir de la filosofia o del arte porque ellos contienen el sentido de la Obra Urbana, con su vida y centralidad renovados, sus lugares de encuentro y cambio de uso plenos para sus habitantes, hombres urbanos para quienes integración, participación y apropiación son obsesiones que deben transformarse en eficaces. La ciencia urbana con sus capítulos parcelarios no puede recomponer por simple combinación de enfoques la imagen global y sintética de la Ciudad. Solo el arte y la filosofia lo pueden.

El progreso social hoy corre por el eje de la calidad de vida urbana y por el logro de la Sociedad Urbana perdida hoy en la marginalidad y la segregación.

El arte de los espacios-tiempos y su modelo pasado como formas de apropiación, se convierten en praxis a escala social: Vivir la Ciudad como obra de arte. Siendo el futuro del arte fundamentalmente urbano y no artístico, aportando su meditación de la vida como goce y drama.

El arte trata de tornar eficaz la imagen que anuncia su reflexión sobre la Ciudad.

En cuanto a la forma urbana, así como no hay contenido sin forma, tampoco hay forma sin contenido, con una dualidad de existencias, una mental y otra social.

Así la forma urbana se nos aparece mentalmente caracterizada por la simultaneidad, y socialmente por el encuentro y la articulación de lo dable en el medio como lugar privilegiado como encuentro, obra y producto.

Las necesidades sociales e individuales en la sociedad urbana reconocen fundamentación antropológica en la seguridad y aventura, caos y orden, previsibilidad y sorpresa, soledad y encuentro, independencia anónima y comunicacion, lo inmediato y lo lejano, juego y trabajo. Todos términos complementarios que se suponen mutuamente. Necesidades no menos fundamentales son las de información, obra, imaginación, simbolis-

The City may have died and its traditional centres may have a purely aesthetic value, but what is urban survives as diffuse perenniality, as virtuality; it seems to be a challenge not to think about the shapeless megalopolis or about the persistence of what is traditional.

We require a new City which answers these necessities of human and Urban Society as work and act. It is easier to create the City than it is urban life, but it is better to work for the polyvalent being, capable of complex relationships with himself and with all that surrounds him, and the polysensorial being, or urban man, solving the double crisis of the agrarian and urban worlds and of all culture.

As architects we are not thaumaturges capable of exorcising the new man but we can help with the shaping of certain tendencies, testing and developing forms, drawing lessons from the past, recovering the fundamental institutions which struggle for a centre in the fragmented City which large corporations and the modern State try to destroy at different levels.

The fundamental process is the construction of the theoretical object, attainable by starting with a problem and with a picture of reality which incorporates precision with the invention "knowledge in Utopia".

Everybody is utopian; but the danger lies in the individual who pretends to ignore, or to hide his utopian condition behind false scientific arguments, and the conjectural character of knowledge (Popper). It is difficult to measure the rhythms of life prescribed by and written into our space, and their success, that is to say their conduciveness to happiness. That is why we must avoid the dissociation of form, function and structure.

It is necessary to understand that there are no univocal links between these, and to use them alternatively in the analysis of what is real and in the proposition of the possible object. This, conversely, means a process of uninterrupted feed-back between the theoretical-conceptual framework and empirical observation. This process supposes a triplicity that avoids formalism, functionalism and structuralism while verifying that it is an approach and a method greater than its parts, or elements. Conversely, another theoretical tool is the system of significances, which should neither be discarded nor deified.

It seems fundamental to activate all of the above-mentioned concepts—in addition to those of level, dimension, correlations, totality, mass, independent and subordinate variables, and so forth—to produce built objects that will be subjected to criticism for their verification.

Urban science, urban art and philosophy require time to develop and to guide social 'praxis'. Only a complete theory of the City

mo, acción ludica, activismo creador. Necesidad de ambitos, lugares de encuentro, simultaneidad, calificados para el cambio. La Ciudad puede haber muerto y sus centros tradicionales tienen valor puramente estético, pero lo urbano sobrevive en forma de perennidad difusa, de virtualidad, parece un desafío no pensar en la megalópolis informe o en la persistencia de lo tradicional.

Requerimos una nueva Ciudad hecha de estas necesidades, una para la Sociedad Urbana y humana como obra y acto. Es mas fácil hacer Ciudad que vida urbana, pero corresponde trabajar para el ser polivalente, capaz de relaciones complejas consigo y el entorno y polisensorial, vale decir el hombre urbano, resolviendo la doble crisis del mundo agrario, del urbano y de la cultura toda.

Como Arquitectos no somos taumaturgos capaces de exorcisar el hombre nuevo, pero podemos ayudar a la configuración de ciertas tendencias, ensayando y formulando formas., sacando lecciones del pasado, recuperando las instituciones fundamentales que pugnan un centro de la desarticulación de la Ciudad, que las Empresas y el Estado moderno pugnan a diversos niveles destruir.

El proceso fundamental es la construcción del objeto teórico, posible a partir de una problematicidad y un cuadro de la realidad incorporando el rigor en la invención, "el conocimiento en la utopia".

Todo el mundo es utopista, el peligro lo constituye aquel que pretende ignorar, ocultar en falsos argumentos cientificistas su condición de tal y el carácter conjetural del conocimiento (Popper). Lo difícil es calibrar los ritmos de vida prescriptos y escritos en nuestro espacio, y su éxito, vale decir su favorabilidad a la felicidad. Para ello hay que evitar la disociación entre forma, función y estructura.

Es preciso entender que no hay vínculos unívocos entre ellos, y usarlos alternativamente en el análisis de lo real y en la proposición del objeto posible. Que por otra parte supone un proceso de retroalimentación constante entre marco teórico conceptual y observación empírica. Este proceso supone una triplicidad que elude el formalismo, funcionalismo y estructuralismo, al verificar que es un modo y método superior a las partes a elementos. Que por otra parte, otra herramienta teórica es el de sistema de significaciones, que no debe ser descartado ni endiosado.

Parece fundamental activar todos los conceptos mencionados, además de los de nivel, dimensión, correlaciones, totalidad, conjunto, variables independientes y dependientes, etc. produciendo objetos construídos sometidos a crítica para su verificación.

and urbanity as life and right overcoming these divisions will be able to propose and recreate the lost urban life.

The strategy of urban renewal is mainly reformist in spite of being revolutionary, because it is against the established order. We cannot lose sight of the fact that the City is not only a language but also a 'praxis', and that the imperative synthesis of that which appears dissociated in the form of simultaneity and encounters can only be entrusted to a 'praxis' whose modalities need to be coined and redefined, and that the synthesis will never spring from the combined elements of the analytical intellect, and that the City is not reconstituted solely starting from signs, although these are a significant whole. It is only an approximation of a strategic model of recomposition, as long as it sets the urban problem—the intensification of urban life—in the foreground, aiming at the actual fulfilment of the Urban Society and its ''morphological, material, practical-sensitive basis''.

La ciencia urbana, el arte urbano y la filosofía necesitan un tiempo para constituírse y orientar la praxis social. Sólo una teoria completa de la Ciudad y la urbanidad como vida y derecho que supere estas escisiones podrá sin embargo proponer y recrear la vida urbana perdida.

La estrategia de renovación urbana es sustantivamente reformista pese a ser revolucionaria, porque va en contra de las cosas establecidas. No podemos perder de vista que la Ciudad no es solamente un lenguaje, sino una praxis, y que la síntesis imperativa de aquello que aparece como disociado en la forma de la simultaneidad y de los encuentros, solo puede confiarse a una praxis cuyas modalidades falta acuñar y redefinir, y que nunca la síntesis surgirá de la combinatoria de elementos del intelecto análitico, y que la Ciudad no se reconstituye solo a partir de signos, a pesar de ser un conjunto significativo, tan solo es una aproximación de un modelo estratégico de recomposición, en tanto pone en primer plano la problemática de lo urbano, de la intensificación de la vida urbana en miras a la efectiva realización de la Sociedad Urbana y su ''base morfológica, material, práctica-sensible''.

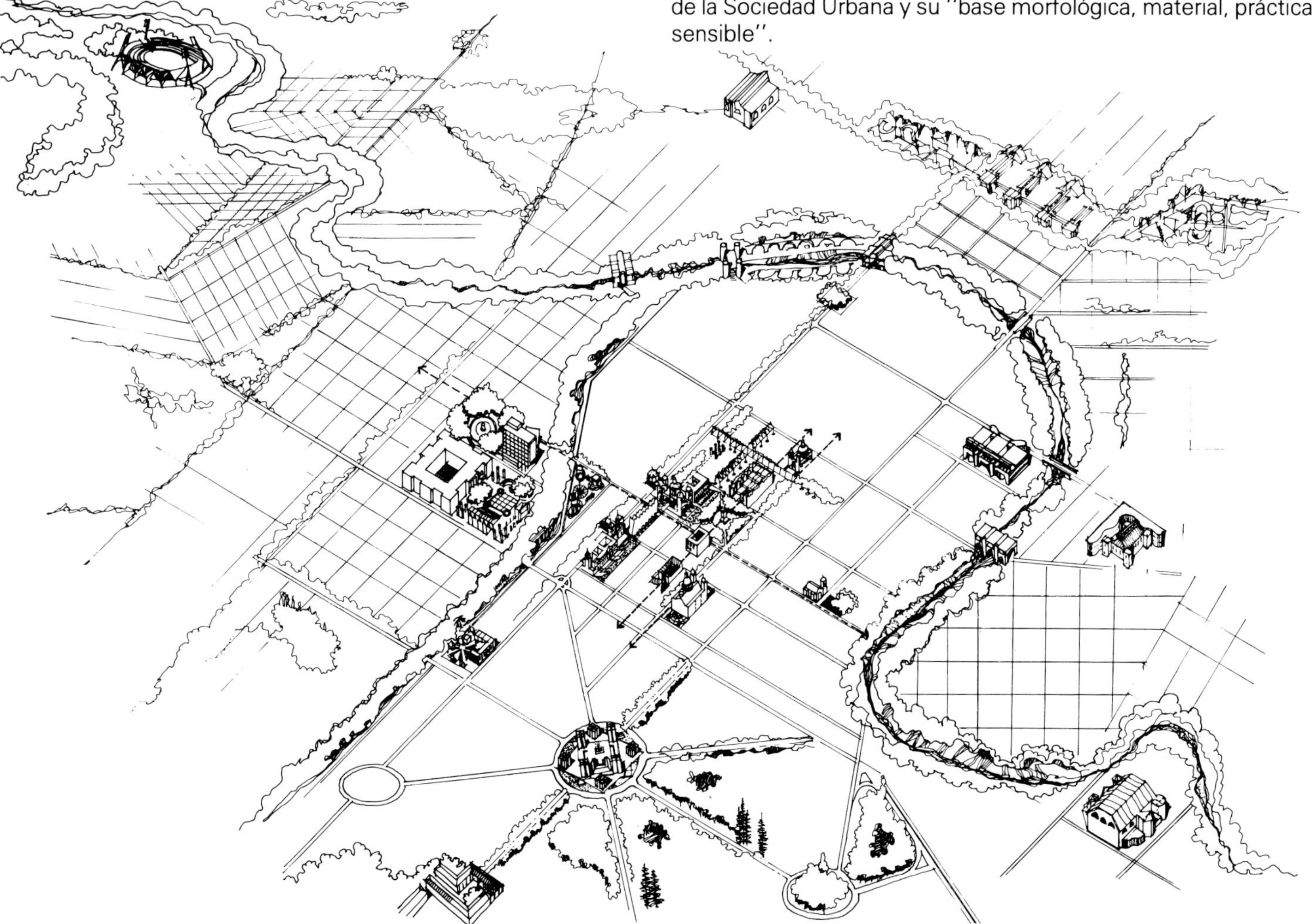

A General strategy at city scale, aerial perspective/Estrategia general a escala ciudad, perspectiva aerea

CHAPTER 2

GENERAL STRATEGY AT CITY SCALE (CITY OF CORDOBA)

Since July 1979 there has been a restructuring and revaluation of public spaces, squares, the patrimony of historical monuments, the refunctioning of neighbourhood markets, and so on.

This plan is part of the framework of a wide programme of achievements in the area of Public Works.

The priority that that secretariat grants to the provision of basic services to the community is remarkable if we take into account the percentage incidence, up to 70%, of the budget.

The urban philosophy and the city image which is the basic goal clearly spring from the explication of these goals.

1) To reinforce, reclaim, create and make new green spaces including the river and La Cañada canal as structuring axes of the city and its landscape.

First of all it is necessary to reclaim and complete Las Heras Park, doubling its length by treating both banks as Central Park, as a model for future actions and node of the longitudinal axis of the river, an axis of landscape and recreation, of neighbourhood and social articulation, a determining factor in the city image and binding link of both poles: the eastern side (to be created) and Western Park (a natural park containing autochthonous flora of the hills) which is under construction. To the south the creation of a park at the end of La Cañada canal which will be provided with water and dams through the main southern canal, and a central node consisting of three significant green areas, Paseo Sobremonte (which exists) and two adjacent ones, Plaza Cívica and Plaza de las Aguas or Italia.

Secondly the reclamation and rehabilitation of the neglected Sarmiento Park created in 1900, peripheral to the central area, by articulating it with the river through the transformation of the old slum area Bajada Pucará into a park. The effect will be to triple the green area of the city between 1979 and 1981, and to increase it six-fold in the long term.

But above all, taking into account that 25% of the urban ground is open public space of streets, quantitatively this network constitutes the largest planted area of the city (as is evident at the oasis in Mendoza City, Argentina).

CAPITULO 2

ESTRATEGIA GENERAL A ESCALA CIUDAD (CIUDAD DE CORDOBA)

Se plantea desde Julio de 1979 una reestructuración y valorización de los espacios públicos, las plazas, el patrimonio histórico monumental, la refuncionalización de mercados barriales, etc.

Este plan se inserta en el marco de un amplio programa de realizaciones en el sector público.

La prioridad que esa secretaría otorga a la provisión de servicios básicos a la comunidad, es destacable si se consideran las incidencias porcentuales, que llegan a un 70% del presupuesto.

La filosofía urbana y la imagen de ciudad que está en la base de los objetivos, surge con claridad de la explicitación de los mismos.

1) Reforzar, recuperar, crear y ejecutar nuevos espacios verdes asumiendo el río y arroyo cañada como ejes estructurantes de la ciudad y su paisaje.

En primer término recuperar y completar el parque Las Heras, duplicando su extensión con el tratamiento de ambas riberas como Parque Central, como modelo de futuras acciones y nodo del eje longitudinal del río, eje paisajístico y recreativo, de articulación barrial y social, hacedor de la imagen de la ciudad y vínculo tensional de los polos Este (a crear) y Parque del Oeste (de carácter natural y flora autóctona serrana), en ejecución. Por el Sur, la creación de un parque en el extremo del arroyo La Cañada, a la que se dotará de agua y azudes por el canal maestro Sur, y un nodo central, consistente en tres ámbitos verdes significativos, uno existente, el Paseo Sobremonte, y dos contiguos: Plaza Cívica y Plaza de las Agua o Italia.

Por otra parte la recuperación y rehabilitación del degradado Parque Sarmiento, del 1900, periférico al área central, articulándolo con el río a través de la parquización de la Bajada Pucará (ex villa de emergencia). Todo ello supone triplicar entre 1979 y 1981 el área verde de la ciudad, y a largo plazo, sextuplicarla.

Pero por sobre todo, teniendo en cuenta que el 25% del suelo urbano es espacio público de calles, cuantitativamente este tejido constituye el mayor recurso forestal de la ciudad, (como lo evidencia en Argentina el oasis que es Mendoza).

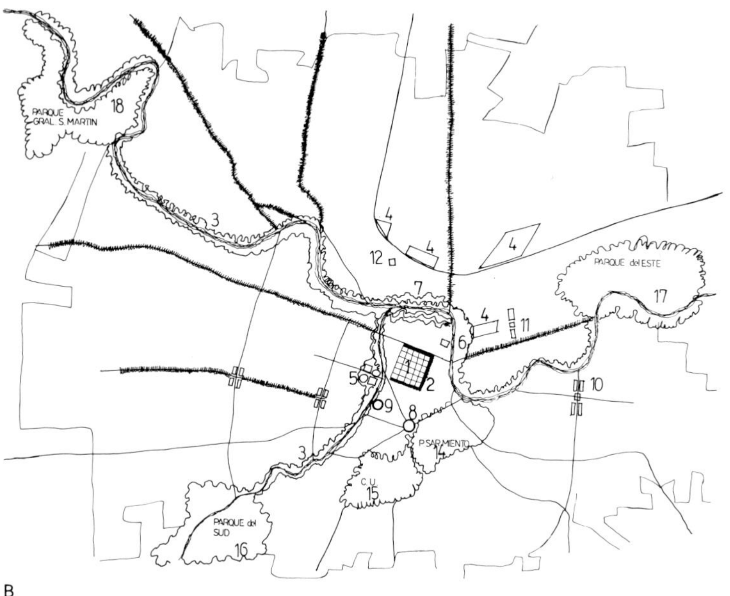

B 1 Central area
2 Peripheral parking areas
3 River-Cañada: structural axis of the city and nexus of the system of greenery
4 Railway area: to re-use with civic, administrative, cultural, social and sportive functions
5 Plaza Cívica, parking: Plaza Italia, significative node at the Cañada axis and west gate of the central area
6 Emergency Hospital
7 Central Park: Las Heras Park extension
8 Plaza España Monument
9 Paseo de las Artes Cultural Centre, Pasaje Revol
10 San Vicente Market multifunctional centre: administrative, cultural, social, commercial, sportive functions
11 General Paz Market multifunctional centre: administrative, cultural, social, commercial, sportive functions
12 Alta Córdoba Market multifunctional centre: administrative, cultural, social, recreational, commercial functions

B 1 Area Central
2 Playas de estacionamiento perifericos
3 Río-Cañada ejes estructurantes de la ciudad y nexos del sistema verde
4 Area ferroviaria a reutilizar con funciones cívicas, administrativo, cultural, social, desport
5 Plaza Cívica, estacionamiento: Plaza Italia nodo significativo del eje Cañada y puerta oeste del area central
6 Hospital de Urgencia
7 Parque Central Extension Parque Las Heras
8 Plaza Monumento España
9 Centro Cultural Paseo de las Artes, Pasaje Revol
10 Mercado San Vicente centro polifuncional barrial administrativo, cultural, social, recreativo, comercial
11 Mercado General Paz centro polifuncional barrial administrativo, cultural, social, recreativo, comercial
12 Mercado Alta Córdoba centro polifuncional barrial administrativo, cultural, social, recreativo, comercial

That is why Ordinance No. 7,000 made the planting of trees on all pavements compulsory and prohibited pruning.

2a) To preserve, to classify and improve the architectural and cultural-historical patrimony of the city—monuments, spaces, waterways, districts, and so on—through the revelation, categorization and determination of actions upon this patrimony launched by the Specialized Institute of Córdoba University which conducted a census; and an intersecretariat commission is planning a normative ordinance to fulfil the legal and economic commitments in order to encourage private action.

Simultaneously, steps have been taken to expropriate both the rear part of San Francisco Convent for transformation into a small square and the 19th-century house located at 40 Entre Ríos Street for the purpose of remodelling and adaptation as a museum for the city.

2b) To enhance several sections of the historical centre and its monuments through various measures: paving Pasaje Santa Catalina with stones in order to retrieve its 17th-century atmosphere, or paving the area in front of the Cathedral and Municipal Council building (Cabildo) with the projection of the facade of both monuments in white marble, lengthening their images and allowing other planes and levels of reading; the pedestrianization with particularized treatments of the symbolic axis Trejo–Rivera Indarte, articulating in a coherent dialogue contextually isolated 19th-century buildings such as the Legislature and the University buildings at both ends of an area of four blocks marked by various events—'drawn' outside floor plans, projected shadows, and so on.

Por ello se dictó la ordenanza 7.000, que obliga forestar todas las veredas y prohibe la poda de arboles.

2a) Preservar, ordenar y poner en valor el patrimonio histórico arquitectónico y cultural de la ciudad, monumentos, ámbitos, canales, distritos, etc. A través del relevamiento, categorización y fijación de acciones sobre el patrimonio, encarado por el Instituto Especializado de la Universidad de Córdoba quién elaboró un catastro; una comisión intersecretarías proyecta una ordenanza normativa que apunta a la viabilidad jurídica y económica para alentar las acciones privadas.

Simultáneamente se inician acciones concretas de expropiación de la parte posterior del Convento San Francisco, transformada en Plazoleta, y la casa del siglo XIX, en Entre Ríos 40, restaurándola y adaptándola como museo de la ciudad.

2b) Poner en valor sectores varios del centro histórico y monumentos a través de diversos expedientes: empedrando el pasaje Santa Catalina, recuperando su atmósfera del siglo XVII o el área frente a Catedral y Cabildo con la proyección en mármol blanco de la fachada de ambos monumentos, prolongando sus imágenes, en otros planos y niveles de lectura; peatonalizando con tratamientos particularizados el eje simbólico Trejo-Rivera Indarte, articulando en diálogo coherente las piezas aisladas contextualmente de edificios del siglo XIX, como la Legislatura y la Universidad, en los extremos de un trayecto de 4 cuadras, jalonado con diversos eventos de plantas desfazadas, sombras arrojadas, etc.

Refuncionalizar el conjunto de viviendas obreras de comienzos

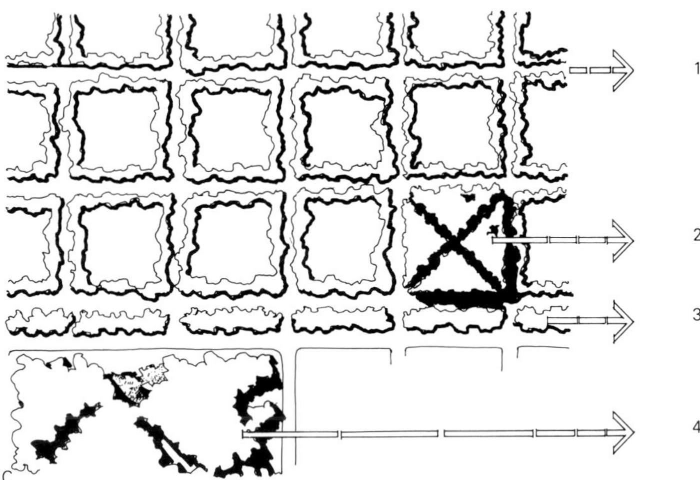

C 1 Secondary road
Green buildings of the inter-connect-ing network
2 Neighbourhood Square-Node
Green cathedrals
3 Viá Penetración Boulevard
Grand bazar
4 Parks

C 1 Viá Comun Secundaria
Edificios verdes del tejido inter-conec-tor
2 Plaza-Nodo Barrial
Catedrales verdes
3 Viá Penetración Boulevard
Gran bazar
4 Parques

To refurbish the group of workers' houses built at the beginning of the century at Pasaje Revol as Paseo de las Artes.

To materialize some of the boundaries articulated by successive pedestrian precincts by means of gates celebrating such precincts.

To make gates or materialize precincts does not literally mean building them, but really making or suggesting them by various means.

For example, the axis San Jerónimo–27 de Abril has its eastern gate in the San Roque Church and Plazoleta system made lighter and remodelled; to the west, Paseo Sobremonte, the Law Courts and Plaza Italia mark the other bordering entrance–exit of a route marked by monuments built between the 17th and 19th centuries.

The axis Rivera Indarte–Trejo has existing gates with colonnades and arches, as there is a clear distinction here between the 19th-century and the colonial precincts; moreover to mark and spread out the identifying reading of gates; whereas the southern boundary of this route has the tower of Monserrat College as its gate. The repetition of arches and columns would diminish the intention and reference to the system of precincts and gates which we intend to emphasize.

The axis La Merced–San Francisco was materialized in its gates by the expropriation and transformation of Plazoleta Ambrosio Funes, behind San Francisco Church, which with its imposing dome, monolith and square, presides over the route that will

de siglo en Pasaje Revol, como Paseo de las Artes.

Materializar algunos de los límites de los sucesivos recintos articulados peatonalmente, mediante puertas que celebren dichos conjuntos o recintos.

Hacer puertas, materializar recintos, no significa literalmente ejecutarlos, sino realmente hacerlos, acusarlos a través de diversos medios.

Por ejemplo el eje San Jerónimo-27 de Abril tiene su puerta este, en el sistema Iglesia de San Roque y Plazoleta, iluminadas y restauradas; desde el Oeste el Paseo Sobremonte, Palacio de Justicia y Plaza Italia marca el otro ingreso-salida, confín de una ruta signada por monumentos del siglo XVII al XIX entremezclados.

El eje Rivera Indarte-Trejo tiene las puertas efectivas de columnatas y arco, porque allí son claros el primer precinto diecinovesco y el segundo colonial, además para significar y propagar la lectura identificatoria de puertas, en cambio la meta sur de dicha ruta tiene por puerta la torre del Colegio Monserrat. La repetición de arcos y columnas banalizaría la intención y la alusión al sistema de recintos y puertas que se desea señalar y remarcar.

El eje La Merced-San Francisco quedó materializado en sus puertas por la expropiación y transformación en Plazuela Ambrosio Funes, detrás de San Francisco, que con su imponente cúpula, testero y plaza, presiden la ruta o camino que rematará al norte con otra cúpula. Aquí las puertas son cúpulas, en otra

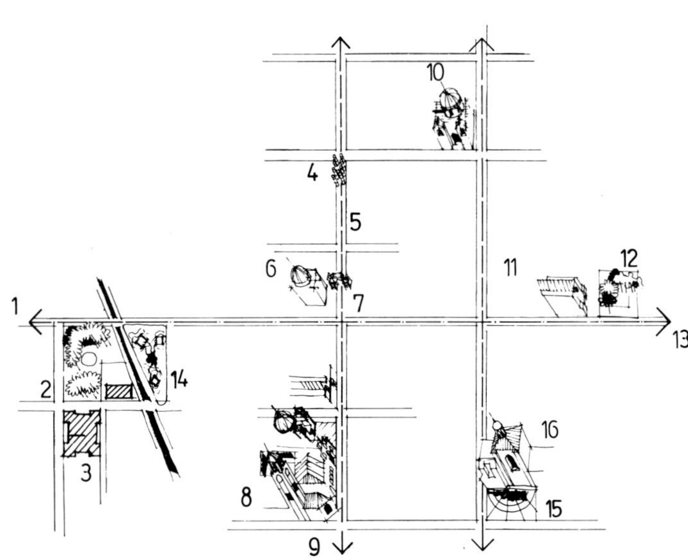

finish on the northern side with another dome. Here, the gates are domes; elsewhere they are tower-gates, bridge-gates, precinct- or district-gates, or facade-gates.

3a) Culture, city, university. Definition of the centre as the main node of the cultural system and not as a unique node through two simultaneous actions, which apparently oppose each other but which compose a multipolar model: a) the creation of a cultural complex upon the axis of Plaza San Martín, with a microcinema and an exhibition hall behind the colonial building called Obispo Mercadillo giving significance to the same; the expropriation of the former Real Cinema-Theatre (now transformed into a bank), important in the history of the city, remodelling it as a theatre which the city lacks at present, and the transformation into a museum of the house located at 40 Entre Ríos Street upon the same axis.

Materialization of a university campus, understanding learned Córdoba and its university as a readable and historically assumed fact within the centre of the city, by means of the pedestrianization of the entrance to the primitive buildings of the country's oldest university, whose projected marble shadow will preside over this vital pole for students.

3b) The creation of a peripheral constellation of cultural, social and administrative nodes on the basis of significant neighbourhood buildings with high convocational capacity, being refunctionalized like the former markets (illustrated separately) which reinforce the identity of the local neighbourhoods, complemented with decentralized university activities either in nearby dwellings, as in neighbourhood clinics or in others such as Córdoba Hospital. Complemented with the system of periph-

parte, torres-puertas, en otras, puentes-puertas, en otras, ámbitos o distritos-puertas, en otras, fachadas-puertas.

3a) Cultura, ciudad, universidad. Definición del centro como nodo principal del sistema cultural y no como nodo único, a través de dos acciones simultáneas y aparentemente contrapuestas, pero que hacen a un modelo multipolar: a) Generando un complejo cultural sobre el eje de la plaza San Martín, con un microcine y salón de exposiciones detrás de la pieza colonial llamada Obispo Mercadillo, poniendo en valor a la misma; expropiando el ex cine teatro Real, de valor significativo en la historia de la ciudad (hoy transformado en banco), restaurándolo como teatro de prosa del que carece la ciudad, y la transformación en museo de la ciudad, de la casa de Entra Ríos 40, sobre dicho eje virtual.

Materialización de un campus universitario, concibiendo Córdoba la docta y su Universidad como un hecho legible y asumido históricamente dentro del casco céntrico, a través de la peatonalización del acceso a la sede primigenia, de la más antigua Universidad del país, cuya sombra marmórea presidirá este polo vital del estudiantado.

3b) Por otra parte una constelación de nodos culturales, sociales, administrativos, periféricos, creados sobre la base de edificios significativos barriales con alta capacidad de convocatoria, refuncionalizados como los ex mercados (que se ilustran aparte), que refuerzan la identidad de las *patrias barriales*, complementadas con actividades universitarias descentralizadas, ya sea en residencias próximas, como en barrio clínicas, u otras como Hospital Córdoba. Complementadas

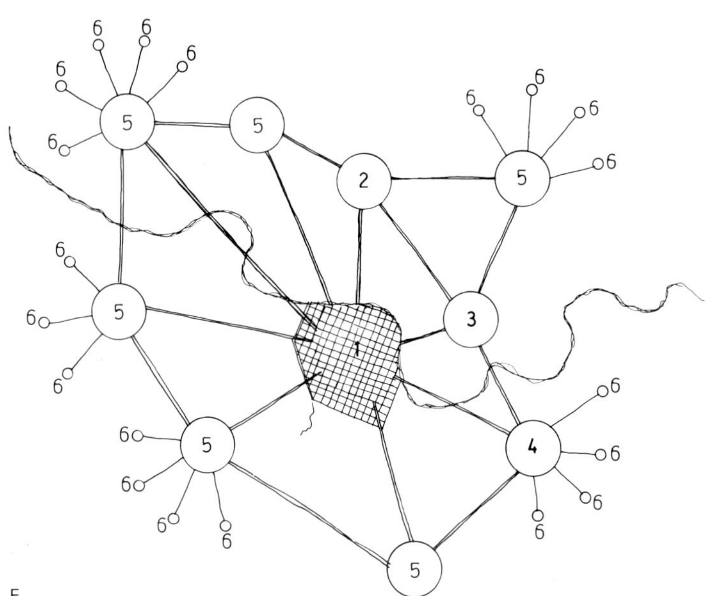

E

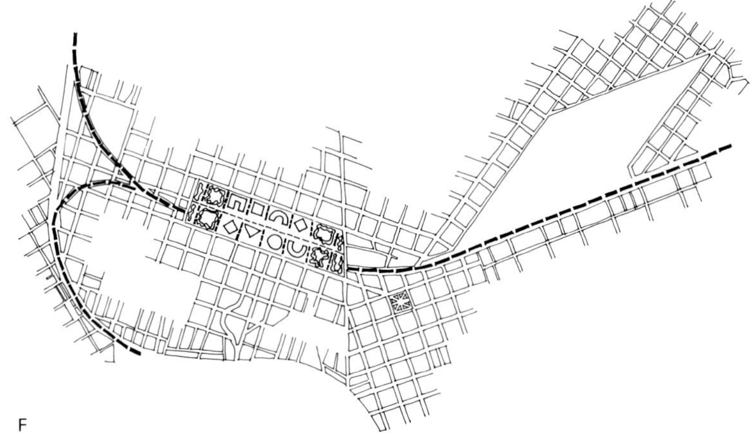

F

F Urban-Rail System
Alternative massive transport system (division of the city and the sectors liberated by the railway giving them urban/neighbourhood functions)

F Sistema Ferro-Urbanístico
Sistema de transporte masivo alternativo (suturar la ciudad en los sectores liberados del ferrocarril asignandole funciones a nivel urbano/barrial)

eral health centres and municipal day nurseries ('guarderías'), which together with the local centres (located in the above markets) and youth centres, are so necessary to the structuring of an authentic neighbourhood life. Articulation of the university-city, university-user relationship, taking advantage of the student's socio-cultural potential, as a dynamic ingredient, in this city conceived as a society of neighbourhoods.

The University City as existing intermediate pole which is assigned a capacity receptive to other people's activities, banishing its ghetto character and articulating it as an alternative cultural pole, at the scale of the southern area of the city. The articulation of this area with Sarmiento Park, of great social use and accessibility.

4) To enlarge and give status to the pedestrian area (treated below), reinforced by the creation of a system of peripheral underground car parks or raised car parks, by the contract system with the private sector. Taking as priority area for its historical significance the primitive foundation site at present delimited by the 'cardo and decumano' of the city, General Paz and Colón Avenues, north–south and east–west axes which structure the central road circuit, both to the north and west of the foundation site, San Juan Boulevard to the south and Chacabuco-Maipú Avenue to the east. Acting upon roads important for their symbolic character, with predominantly cultural activities first and commercial and recreational activities second, allowing the public vehicular traffic through the foundation site in functionally vital arteries. For this the pedestrian and vehicular system was defined in July 1979 and is to be carried out by three contractual developments during a 2-year period.

con el sistema de centros periféricos de salud y guarderías municipales, que con los centros vecinales (alojados en dichos mercados) y centros juveniles, son tan necesarios para la estructuración de la auténtica vida barrial. Articulando la relación universidad-ciudad, universidad-usuario y aprovechando el potencial socio cultural del estudiante, como ingrediente dinamizador, en esta ciudad entendida como sociedad de barrios.

La ciudad universitaria como polo intermedio existente, al que se le asigna una capacidad receptiva de otras actividades ajenas, que eliminen su carácter de ghetto, y lo articulen como polo alternativo cultural, a escala del área sur de la ciudad. Articular dicha área con el parque Sarmiento, de gran uso y accesibilidad social.

4) Ampliar y jerarquizar el área peatonal (tratada específicamente más adelante), reforzada con la creación de un sistema de edificios periféricos de cocheras subterráneas, por el sistema de concesión al sector privado, o en cocheras elevadas. Tomando como área prioritaria por su significación histórica el casco fundacional actualmente delimitado por el cardo y decumano de la ciudad, Av. General Paz y Colón, ejes Norte-Sur y Este-Oeste, estructurantes de la trama vial central, ambas al Norte y Oeste de dicho casco, y el Boulevard San Juan al Sur, y Chacabuco-Maipú al Este. Actuando sobre vías significativas, por su carácter simbólico, con actividades dominantemente culturales en primer término, y sobre comerciales y recreativas en segunda instancia, y permitiendo el tránsito vehicular público a través del casco en arterias vitales funcionalmente. Para ello se define el sistema peatonal y vehicular del área, en Julio del 79 y se implementa en tres licitaciones a lo largo de los dos años de gestión.

5) Urban Rail System: to solve or to suture the urban fracture caused by the location of Belgrano railway, around which grew Alta Córdoba neighbourhood to the north of the river, formerly encircling neighbourhoods but now dividing them. Likewise, the goods yards between General Paz and Pueyrredón neighbourhoods, through the study aimed at contracting the work of the unified central railway at Mitre, opposite the Bus Terminal and the loading yards on the outskirts of the city. To keep up the present spatial route for use in an alternative system of massive transportation.

Localization of public activities in the vacated areas, at urban and neighbourhood scale, in accordance with their manifest vocations and receptivity to activities: civic, social, administrative, cultural, recreational, passive or active, athletic, parks, and so on, which are so necessary in the city and in the above-mentioned areas, surrounded by dormitory suburbs, lacking equipment and structuring elements.

6) Concretion of large architectural nodes which create the functional, economic, social and physical structuring and simultaneously become urban landmarks which together with the routes and districts define the image of the visual and existential urban space.

Thus the Emergency Hospital (see below), to be located at an easily accessible site, creates both a node and a gate while at the same time it becomes a central pole for municipal medical care, designed for a future role in an integrated health system.

Eradication of the public market and re-use of the Civic Centre area, lengthening the axis of administrative activities located upon La Cañada canal and the Suquía river.

7) To issue a new building code containing conditions related to salubrity, security, physical structure of the city, and so on.

8) To widen, tripling the investment, the area covering the basic infrastructural services.

5) Sistema Ferrourbanístico. Solucionar o suturar la fractura urbana generada por la implantación del ferrocarril Belgrano, generador de Alta Córdoba, barrio al norte del río, y barrios circundantes ayer, cesura hoy. Al igual, las playas de maniobras entre barrio General Paz y Pueyrredón, a través del estudio encarado para licitar la obra de la central unificada ferroviaria en el Mitre, frente a la Estación Terminal de Omnibus y las playas de carga en las afueras de la ciudad. Mantener el canal espacial existente para su uso en un sistema alternativo de transporte masivo.

Localización en las áreas liberadas, de actividades públicas, a escala urbana y barrial, de acuerdo a sus manifiestas vocaciones y capacidades receptivas de actividades: cívicas, sociales, administrativas, culturales, recreativas, pasivas o activas, deportivas, parques, etc. que tanta falta hacen en la ciudad y en los sectores de referencia, rodeados de barrios dormitorios, carentes de equipamiento y elementos estructurantes.

6) Realización de grandes obras puntuales que hagan a la estructuración funcional, económica, social y física simultáneamente, convirtiéndose en nodos urbanos que con las vías y distritos definen la imagen del espacio urbano visual y existencial.

Así el Hospital de Urgencia (desarrollado más adelante), implantado con gran accesibilidad, en un lugar óptimo, es hacedor de un nodo y puerta, al igual que oficia como polo central de la atención médica municipal, pero diseñado para un futuro rol en un sistema integrado de salud.

Erradicación del mercado de abasto y re-uso del área Centro Cívico prolongando el eje de actividades administrativas asentadas sobre la cañada y el río Suquía.

7) Redactar nuevo código de edificación que contemple condiciones de salubridad, seguridad, estructura física de la ciudad, etc.

8) Ampliar, triplicando la inversión, el área de cobertura de servicios infraestructurales básicos.

STRATEGY OF INTERVENTION IN THE CENTRAL AREA (CITY OF CORDOBA)

The plan for the restructuring of the central area corresponds to an idea of urban function based on theories which endeavour to restore to the city some of the essential qualities of community life that took place in the old institutions of streets and squares.

The pedestrianization of significant areas of the city is a simulacrum of a more ambitious cultural project, a model of a pedestrian city, a figurative city which disposes of the exclusive zonings, the lists of activities aseptically juxtaposed and motor vehicles as unique means of transport of functionalist cities; which, on the contrary, retrieves man's priorities, the habitable condition of the built product, of the city.

Using the scale of the surroundings and the distance that can be walked by a pedestrian as the only physical and psychical pattern to measure the areas, the principle of integral pedestrianization of the central area is but a paradigm of the neighbourhoods' re-measurement—the city being understood as an association of neighbourhoods. In an attempt to materialize this principle memorable buildings are retrieved and given a multifunctional spectrum of activities and undertakings—cultural, civic and administrative—to produce actions that define the restructuring of their closest areas as nodes of the *local neighbourhoods*.

The street is, as Louis Kahn has said, "the first being of the city, a gift of the neighbours, whose facades are its own face having the sky as roof".

It is effectively an institution and an irreducible edifice, essential to the city's pedestrians. The square will be the cathedral of this woven edifice of streets and, as such, of events, unique works and monuments celebrating encounters. Together with the neighbourhoods, they are the structuring elements of the existential image of urban space.

The pedestrian areas which appeared as a result of proposals to facilitate consumption have characterized the intervention in central areas throughout the seventies. It can be seen as an effective measure to recover the identification of the citizens with their city, making it more accessible, more readable, more habitable, bringing about genuine changes in consciousness and in social relations, that is to say in humanizing the city.

ESTRATEGIA DE INTERVENCION AREA CENTRAL (CIUDAD DE CORDOBA)

El plan de restructuración del área central, responde a una idea de la función urbana fundada en bases teóricas, que pretende restituír a la ciudad alguna de las cualidades esenciales de la vida comunitaria desplegadas en las antiguas instituciones de calles y plazas.

Las peatonalizaciones de áreas de la ciudad, más o menos significativas, son simulacros de un proyecto cultural más ambicioso, de un modelo de ciudad peatonal, ciudad figurativa que abjura de las ciudades funcionalistas de zonificaciones exclusivas, de listas de actividades yuxtapuestas asépticamente, de los vehículos de motor como únicos medios de transporte, y reinvidica en cambio las prioridades del hombre, la habitabilidad del producto construído, de la ciudad.

Considerando la escala de los entornos y la distancia recorrible por un peatón como el único patrón físico y psíquico para dimensionar las áreas, el principio de peatonalización integral del área central no es sino un paradigma del redimensionamiento barrial, entendiendo a la ciudad como una asociación de barrios y como una acción tendiente a materializar este principio, se reinvidica el uso de edificios memorables para que adscribién-doles en espectro multifuncional de actividades y roles culturales, cívicos y administrativos dimanen acciones que definan la re-estructuración de sus áreas próximas como *nodos de la patria barrial*.

La calle es "el primer estar de la ciudad, ofrenda de los vecinos, cuyas fachadas son su rostro y que tiene por techo el cielo" dice Louis Kahn.

Efectivamente, la calle es una institución y un edificio irreductible, esencial a la ciudad para peatones. La plaza será la catedral de este tejido edilicio de calles, y como tales, eventos, piezas únicas, monumentos celebratorios del encuentro. Además, son con los barrios, los elementos estructurantes de la imagen existencial del espacio urbano.

Las áreas peatonales surgidas como propuestas para favorecer el consumo, han signado la intervención en las áreas centrales durante toda la década del setenta. Aquí se la ve como medida eficaz para rescatar la identificación de los ciudadanos con su urbe, tornándola más abarcable, legible, habitable, produciendo

This principle, which banished all vehicles from the central area and elevated the pedestrian in his lost dignity as participant and fundamental protagonist, must be extended to the rest of the urban fabric—to the neighbourhoods as well as the shopping centres because the car is even more incompatible with sleep, amusement or entertainment than with commerce. But this means a redefinition of vehicular movement through the organization of an authentic architecture of movement which will have to begin by acknowledging that traffic cannot be measured solely by the speed with which this activity benefits a small proportion of the population. Pedestrianization means multifunctionality, coexistence supposes daily intercourse, public opinion and difficulties, which the shopping centres exclude by being only places for shopping or sometimes for entertainment, but not places to dwell in; they are monuments to consumption, the offspring of abstract urbanism. Pedestrianization is not the idyllic search for a lost paradise but the encounter, entirely verifiable in the search, with the quality and agreeableness of life, the rejection of the breakdown and decadence of supertechnification.

The squares, unoccupied surfaces full of cars, have become today, after being treated as pedestrian buildings, centres of community life. Like the streets they have been returned to the pedestrians, and they will also be places for amusement, education, dialogue, or discussion, where parties, merchandise, and so on will be incorporated into the new social usage and possession, with no differentiation as regards age, income, old users and pedestrians, either new or transitory (tourists), in groups or as individuals.

There are some fundamental elements: seats, either in the form of benches or topographical protrusions converted into steps, which help to make a period of rest, of expectancy, of dialogue enjoyable; the knowledge that one will find free space attracts people, and we know that people draw more people. The proposed planting of trees is intended to create a climatic roof in the pedestrian areas, which will increase comfort by being cool in summer and transparent in winter, and the use of diverse species will enhance the qualities of each route or section.

The surface material contributes to the exaltation of the public space. The shape of the fountain at Plaza Italia, a bower, crowns an urban orography changed into a water canal-river and reservoir-lake, as a replication and commemoration of the hydrography of a country which owes one of its greatest causes of progress to this system. Finally, four connected symmetrical basins in the Plaza Cívica, indicating the distance between the central civic arena and the allegorical ruins of the surrounding and peripheral open gallery, turn the incorporation of water into a dynamic element in the urban landscape.

It has been proved that only 30% of the people using the pedestrian area do so solely for the purpose of shopping;

cambios auténticos de conciencia y de relaciones sociales, en otros términos, humanizando la ciudad.

Dado que este principio, que ha erradicado al vehículo del área central, ha entronizado al peatón en su perdida dignidad de partícipe y protagonista fundamental, se debe extender al resto del tejido urbano, llevándolo a los barrios y no solo a áreas comerciales, porque el auto es con mucho, más incompatible con el dormir, la recreación o juego que con el comercio. Pero esto ya comporta una verdadera redefinición vial en la organización de una auténtica arquitectura del movimiento que tendrá que partir de reconocer que el tránsito no se puede medir por la rapidez con que este valor beneficia a una ínfima cantidad de personas. La peatonalización supone la multifuncionalidad, la coexistencia supone cotidianeidad, opinión pública, fricciones, que los shopping-centers excluyen, al ser sólo zonas para comerciar y a veces hasta para recrearse, pero no para habitar; son monumentos del consumo, hijos del urbanismo abstracto. La peatonalización no es la búsqueda idílica de un paraíso perdido, sino el hallazgo, perfectamente verificable en la búsqueda, de la calidad de vida, agradabilidad de la misma, rechazando la ruina y decadencia de la supertecnificación.

Las plazas, superficies vacantes, llenas de coches, hoy aparecen al ser tratadas como edificios peatonales, transformadas en centros de la vida comunitaria; así como las calles recuperadas para el peatón, aparecerán como lugares de juego, de educación, de diálogo, de debates, donde fiestas, mercancías, etc. se incorporan al nuevo uso y posesión sociales, sin distinción de edades, ingresos económicos, viejos usuarios y peatones nuevos o transitorios (turistas), grupos o soledades.

Hay ingredientes fundamentales: los asientos, ya sea en forma de bancos o accidentes topográficos tratados, como escalinatas, hacen a la celebración del reposo, la espera, el diálogo y esto genera sensaciones de agradabilidad, el saber que se encontrará lugar en el ámbito, atrae más gente, y sabemos que las personas atraen más personas. La forestación propuesta, al crear en las peatonales una techumbre climática, fresca en verano y transparente en invierno incrementa el confort, y el uso diferenciado de especies acentúa la calificación de cada canal o sector de las mismas.

El material de la superficie contribuye al ennoblecimiento del ámbito público así exaltado. La forma de fuente, glorieta, en plaza Italia, coronando una orografía urbana transformada en acequia-río y estanque-lago, en la réplica y conmemoración a la hidrografía de una tierra que debe a su sistema uno de sus factores mayores de progreso. Finalmente, cuatro simétricos surtidores vinculados, en la plaza Cívica, que marcan la distancia entre la arena cívica central y las ruinas alegóricas de la recova circundante y periférica, hacen a la incorporación del agua como elemento dinámico en el paisaje urbano.

another 30% will use it just for strolling or loitering, and 40% for business, appointments and other activities which have nothing to do with shopping.

The pedestrianization of the central area is nothing but the acknowledgement, in the case of Córdoba, that the above pedestrian area has the extended character of a main square which the central square had at the turn of the century.

Three special cases can be recognized: 1) the area of the historical centre; 2) the area pedestrianized ten years ago; 3) the new pedestrian areas, routes without a defined stylistic character where business activities prevail.

The first deserves particular treatment within general articulating measures. These are, firstly, the use of a particular tree of distinctive character such as 'palo borracho', which now characterizes the small square opposite Compañía de Jesús Church, the oldest urban monument. The trunk of 'palo borracho' is covered with thorns and it has an unusual convex shape with a pink or white top for a long period of the year which functions as a roof. Secondly, the use of stone paving which existed until thirty years ago, recovered in an unusual and complementary way by introducing marble to enhance the value of the significant buildings. Thirdly, *the qualification of gates with various designs* which refer to an inner wall that indicates the thresholds of a preserved intimate sanctuary and an exterior which is also the interior of another sanctuary, that is to say the shaping of an enclosure within the entire enclosure of the urban fabric.

This whole principle of feasible pedestrianization is reinforced by the *construction of large basins*, walls preventing the decay and ruin of the central area, and by means of a system of underground car parks which will be built below wide avenues on the eastern side of the area and below the streets in front of the markets to the north and south. This complex is completed with car parks under the squares on the west side, close to the administrative network of the Town Hall and the Law Courts.

Plaza de Armas

Between Plaza San Martín (a green 19th-century building which occupies a square whose centre is honoured by the San Martín monument in a model widely accepted throughout the country), and the Cathedral and the Municipal Council building (last testimonies of the colonial Plaza Mayor) there was a space formerly occupied by cars. Its transformation into the Plaza de Armas (Parade Ground) is the starting point of two cultural projects—the pedestrianization of the central area and the significance given to historical monuments. The main idea is conveyed by paving the space in stone and its unique characterization through the subtle introduction of mirrored facades, or marble shadows, of the monuments—a new representation of buildings which thus acquire a new dimension of reading.

Está demostrado que solo un 30% de los que transitan el área peatonal lo hacen para comprar solamente, un 30% lo hará por callejear y un 40% por negocios, trámites, citas, etc. que nada tienen que ver con el comprar.

La peatonalización del área central no es otra cosa que el reconocimiento, en el caso de Córdoba, de que dicha área peatonalizada es la extensión del carácter de plaza mayor que la plaza central tenía a fines de siglo.

Se pueden reconocer tres tratamientos especiales 1) el área del centro histórico, 2) el área ya peatonalizada hace 10 años y 3) las nuevas áreas peatonales, en vías sin carácter definido estilístico, con actividades comerciales dominantes.

La primera merece un tratamiento particularizado dentro de medidas generales articulativas. Estas últimas son el uso por una parte de una especie arbórea de fuerte personalidad como es el palo borracho, que actualmente caracteriza la plazoleta frente a la Compañía de Jesús, con su tronco erizado de espinas y curiosa forma abombada, unido a una copa rosa o blanca por largos meses del año, que actúa como techo; el uso del pavimento pétreo que tuviera hasta hace escasamente 30 años, recuperado en forma inédita y celebrativa con la introducción de tratamientos marmóreos que pongan en valor los edificios significativos; con *la calificación de puertas de diverso diseño* que aludan a una muralla interior, que indique los umbrales de un santuario íntimo, preservado y un fuera que es a su vez un dentro otro, vale decir la configuración de un recinto dentro del recinto global del tejido urbano.

Todo este principio de peatonalización viable es reforzado en su sentido por la *construcción de dársenas extensas*, murallas contra la decadencia del área central y su destrucción, por el sistema de playas subterráneas, que se construirán bajo amplias avenidas en el sector Este del área y bajo calle frente a mercados, al Norte y Sur de la misma. El conjunto se completa con playas debajo de plazas contiguas, al Oeste, al complejo administrativo del municipio y palacio de justicia.

Plaza de Armas

Entre la Plaza San Martín (edificio verde del siglo XIX, que ocupa un cuadrado con un centro reverenciado en el monumento a San Martín, en un modelo universalmente acatado a nivel nacional) por un lado, la catedral y cabildo por el otro, últimos testimonios de la Plaza Mayor colonial, se extendía un espacio ocupado por automóviles. Su transformación en Plaza de Armas comporta el punto de partida de dos proyectos culturales: la peatonalización del área central y la puesta en valor de los monumentos históricos. La idea esencial está constituída por el adoquinado total del espacio y su protagonización única y excluyente por el sutil tratamiento de las fachadas espejadas, o sombras en mármol de los monumentos, una representación nueva de los

Pasaje Santa Catalina

Linking this new Plaza Mayor, made up of the Plaza de Armas and Plaza San Martín combined as a unique whole, is the Pasaje Santa Catalina, unique in its kind, defined by the lateral facade of the Cathedral and the Municipal Council building, linked to a group of ancient houses and terminating in Saint Catherine Church with its circular dome. It has been provided with stone paving in a pattern of concentric, adjacent, aligned circles, which lead directly to the railings of the Church.

Pedestrian area, square or precinct between Plazoleta Jerónimo Luis de Cabrera and the Legislature building

A propyleum or shady marquee composed of twelve 'palos borrachos', whose tubs have been designed as stony seats, creates the covered gate of a promenade which extends the small planted square behind the Cathedral, taking up the theme of the tree-lined axis of Trejo and the 'palos borrachos' of La Compañía de Jesús Church (whose antecedents are mentioned above) in a sequence on this north-south extension. A stone arrangement of black granite slabs in the centre and grey slate on the side is framed by the rhythmic appearance of white marble borders. An arch, threshold of the historical centre and the remnant of a virtual wall, is transformed into a gate, place of information and vantage point for this spectacle and the urban passage which contains tourist centres below the stairs that lead to the upper part. A pond reflects the dome of Las Catalinas Convent whose circularity is celebrated by the shape adopted for an arrangement composed of the gate and a series of arches in accordance with those inside the convent. A row of 'palos borrachos' closes the space and opens a second one in front of the Legislature and the Ministry of Economy.

From the Legislature building to Calle 9 de Julio

The 'drawn' outside floor plans of the significant buildings that flank the pedestrian section give the area the appearance of figurative royal antechambers of the provincial legislature, reproducing in white marble the floor plan of its meeting hall, completely hidden in the building mass. Further on, the neoclassical building of the Ministry of Economy, forming a cross with the former, also has its floor plan represented, in this case the portico and the hall, immediately accessible to a pedestrian entering the building. The unobstructed columns of the portico resemble a kind of beheaded Greek temple made up of eight columns whose order marks a new threshold, a new gate for the frontal and rear areas, characterized as being the transversal pedestrian area constructed in the seventies.

Existing pedestrian area—re-design

The treatment followed in this area—which is five blocks in length and cruciform in shape—is one of a vaulted pergola of metallic arches covered with climbing deciduous trees which allows the east-west entrance of the sun in winter and in summer provides a green sky which binds the existing system of

edificios, los que adquieren así, una nueva dimensión de lectura.

Pasaje Santa Catalina

Vinculando esta nueva Plaza Mayor, hecha de Plaza de Armas y San Martín conjugadas en un único parlamento, aparece el pasaje, único en su género, definido por la fachada lateral de la catedral y el cabildo, vinculado a una serie de antiguas casas, que tiene por remate la Iglesia de Santa Catalina, de cúpula circular. Su tratamiento es el de un empedrado con un patrón de círculos concéntricos, contiguos, alineados, que desembocan en el enrejado de la Iglesia.

Peatonal, Plaza o sala desde Plazoleta Jerónimo Luis de Cabrera hasta la Legislatura

Un propileo o sombreada marquesina de doce palos borrachos, cuyas cazuelas están diseñadas como asientos o poyos pétreos, generan el portal cubierto de una 'promenade' que prolonga la plazoleta forestada detrás de la Catedral, retomando la temática arbórea del eje de Trejo, palos borrachos de la Compañía, antecedente aludido de una secuencia de este recorrido Norte Sur; un tratamiento pétreo de lajas centrales de granito negro y pizarra gris lateral, es enmarcado por la rítmica aparición de fajas de mármol blanco. Un arco, umbral del centro histórico, residuo de una muralla virtual, se transforma en puerta, lugar de información y mirador del espectáculo de este estar y pasaje urbano, al alojar puestos de turismo bajo las escalinatas de acceso a su parte superior. Un espejo de agua refleja la cúpula de Las Catalinas, celebrada en su circularidad por la forma adoptada para el equipamiento constituído por el portal y la arquería practicada en correspondencia con la interior del convento. Una fila de palos borrachos cierran este ámbito abriendo el segundo, seco y celebrativo, frente a la Legislatura y Ministerio de Economía.

Desde la Legislatura hasta calle 9 de Julio

Las plantas desfazadas de los edificios significativos que flanquean este tramo peatonal confieren al área el carácter de antesalas reales, figurativas, de la legislatura provincial, reproduciendo en planta de mármol blanco su recinto de sesiones, absolutamente oculto en la masa edilicia. Más adelante, el edificio del ministerio de economía, en estilo neoclásico, ubicado haciendo cruz con el anterior, ve igualmente representada su planta, esta vez, el pórtico y vestíbulo, inmediatamente recorribles por un transeúnte que pretenda ingresar al edificio. Las columnas exentas del pórtico se recrean en la forma de una suerte de templo griego decapitado conformado por ocho columnas, cuyo orden marca un nuevo umbral, una nueva puerta para el ámbito anterior y posterior, caracterizado por ser la peatonal transversal, realizada en los años 70.

Peatonal existente-rediseño

El tratamiento adjudicado a la misma -que tiene una extensión de 5 cuadras y una forma cruciforme– es la de un pergolado

roofed pedestrian areas penetrating the core of each block in all directions. This treatment is completed with a floor made of granite, grey slate and white marble slabs that mark the structural rhythm and the positioning of the flower beds and seats.

The new pedestrian areas
The idea of providing some kind of unifying continuity to the new pedestrian areas, with eclectic coverings but with an essentially commercial aspect, has led to the adoption of an asymmetrical and varied arrangement of the same species of tree along every block: a blue roof of jacarandas in one direction, pink lapachos in another, then white lapachos and so on.

Thus, every route, every system of enclosed spaces or blocks has an identifying characteristic, as well as a unifying principle. This floral decoration is complemented with a floor similar to the one previously described for the existing re-designed pedestrian area, with seats around the trees and under the leaf canopy.

Plaza Cívica
The main idea is to have a civic centre, which the city at present lacks, located next to the Town Hall and to the Law Courts (the latter having a neo-classical design with its main axis facing Paseo Sobremonte), and structured upon four axes of bilateral symmetry. These compositional principles and some iconographic elements are taken and paraphrased in the square— which is composed of a perimeter building of roofless columns in two groups opposite the Law Courts, and of small truncated columns on the side next to it—for a better reading of the noble lateral facade of the whole. The two faces perpendicular to the former ones, and parallel to the deployment of the office building of the Town Hall, are characterized by a vaulted pergola, a gallery opening on to the street and an amphitheatre opening on to the square. The series of steps are suitable as seats for shows or as collective seating; that is to say the design of the whole celebrates the Law Courts and the Town Hall, providing the former with a facade that gives on to La Cañada.

The rigidity of the entire geometrical design has been partially modified in order to preserve valuable trees in the recently demolished areas, some of which are more than thirty years old. The irregular shape of the square, due to its encounter with La Cañada, also modifies the design, depriving it of one of its four corners which, like the centres of the lateral facades, refer to the order established by the design of the Law Courts. The materials used are concrete with pieces of white marble rhythmically scanning the columns. The floor is made of washed concrete slabs with greenish stone, and matches the tone or atmosphere of the square created by the preserved trees, the pergola on the upper level of the open gallery (on the southern side of the square) and the flower beds at ground level.

abovedado de arcos metálicos cubiertos por enredaderas de hojas caducas que permiten el ingreso del sol este-oeste durante el invierno y lo protegen firmemente con un cielo verde durante el verano enlazando el extendido sistema de peatonales cubiertas existente, que perforan en todas direcciones los corazones de manzana. Este tratamiento se completa con piso de lajas graníticas, de pizarra gris y mármol blanco, que marca el ritmo estructural y da posición a los canteros-asientos.

Las nuevas peatonales
La idea de dotar de continuidad unificadora a las nuevas peatonales practicadas, con envolventes eclécticos pero con el rasgo dominante comercial, lleva a la adopción de la ubicación asimétrica y variada de cuadra en cuadra de la misma especie: jacarandaes que calificarán una vía con su techo azul, lapachos rosas otra vía, lapacho blanco, etc.

Así, cada ruta, cada sistema de cuartos o cuadras obtiene una calificación identificadora, a la vez que un principio unificador. Este expediente vegetacional se complementa con idéntico piso al descripto para la peatonal existente rediseñada, y con los asientos en torno y bajo las copas de los árboles.

Plaza Cívica
La idea fundamental es dotarse de un ámbito cívico del que la ciudad carece y en un lugar protagonizado por la institución municipal y la judicial, esta última con un diseño neoclásico monumental, con su eje principal enfrentado al Paseo Sobremonte, estructurado sobre 4 ejes de simetría bilaterales. Estos principios compositivos y algunos elementos iconográficos son tomados y parafraseados en la plaza, que consta de un edificio perimetral de columnas sin techumbres en dos caras enfrentadas con el palacio de justicia, y columnas bajas tronchadas sobre el costado contiguo al mismo, para una mejor lectura de la noble fachada lateral del conjunto. Las dos caras perpendiculares a las anteriores, y siguiendo paralelamente el desarrollo del bloque oficinesco del municipio, se caracterizan por un pergolado abovedado, un edificio recova comercial y un anfiteatro, abierta a la calle la primera, y a la plaza el segundo, sirviendo la gradería, de asiento para espectáculos, o asiento colectivo, vale decir que el diseño del conjunto exalta el palacio de justicia y el municipio, dotando al primero de una fachada sobre La Cañada.

Los valiosos árboles existentes en la manzana, demolida recientemente, y que tienen una antigüedad superior a los 30 años, se conservan, reconociendo en el trazado geométrico del conjunto la impostación planimétrica de los mismos, alterando así parcialmente su rigor. Incluso la conformación irregular de la plaza, debido al encuentro con La Cañada, afecta el trazado, que ve desaparecer una de sus 4 esquinas, que aluden, al igual que los centros de las fachadas laterales, al orden que informa el diseño del palacio de justicia. Los materiales son hormigón visto, buñas de mármol blanco escandiendo rítmicamente las columnas.

Under the square, two levels of car parks with a capacity for five hundred vehicles have been planned, thus reinforcing the intensive use of the public square. This is part of the integral programme of covered car parks that surround the central area and pedestrian precinct on four sides. This is Córdoba's first successful official step to provide a solution to its parking problem.

This undertaking, carried out by the contract system, will fulfil a threefold purpose: firstly it will help to solve the serious parking problem in the central area; secondly it allows the creation of a civic square which the city of Córdoba presently lacks—the site is ideal in its proximity to the Law Courts and the Town Hall. Finally, this undertaking allows private contributions to help fund the achievement of public works, as in many cities throughout the world.

The wide space that will be assigned as the civic site projects, for technical reasons, over two paved underground car park areas which will accommodate about six hundred vehicles. This prevents the placing of large quantities of earth on top of it.

The design preserves existing trees on the site, despite the difficulties that will arise from their presence and which will necessitate the construction of an irregularly shaped car park.

Likewise, beds will be located in the same area for planting new trees.

Plaza Italia (homage to the Waters of Córdoba)
The triangular shape of the square and its location close to the open drainage of La Cañada, which is in the process of reclamation, determines the outline and dialogue of three small hills crowned by fountains from which some rivers and irrigation channels run towards the centre. Here a pond-lake stands as an allegory of both the hydrographic system of the province and the system of 18th- and 19th-century fountains, which is the atmosphere created by the greenish building of the Viceroy Cisneros reservoir at Paseo Sobremonte, the treatment of La Cañada and the Law Courts. The hills are made of defensive stone walls, similar to 'pircas' (dry-stone walls), which describe curves on different levels, achieving an accessible terraced look, quite open, which gives identity to this naturalistic square, a counterpoint to the geometrically shaped Plazas Cívica and España. The grouping forms a coherent whole by means of a circular radiating core made of grey and white slabs embedded in the triangle of the square.

Piso de losetas lavadas de hormigón, con enripiado color verdoso, acompaña el tono o atmósfera de la plaza, que deriva de la arboleda preservada, del pergolado sobre la parte superior de la recova (costado sur de la Plaza) y de los canteros a nivel terreno.

Debajo de la plaza se preveen dos niveles de cocheras de 500 plazas, que refuerzan el uso intenso del espacio público, lo que forma parte del programa integral de estacionamientos cubiertos que rodean por sus cuatro lados el área central y el ámbito peatonalizado. Este es el primer intento oficial exitoso en Córdoba de dar solución al problema de estacionamiento.

Esta obra, que se construye mediante el sistema de concesión, cumplirá un triple propósito: por un lado contribuirá a solucionar un grave problema en el área céntrica, que es el estacionamiento de vehículos, por el otro permite la creación de una plaza cívica, de la cual carece en estos momentos la ciudad de Córdoba, siendo ideal el lugar, por encontrarse lindero al Palacio de Tribunales y al Palacio Municipal. Finalmente permite el aporte privado, a la concreción de la obra pública, tal como se hace en numerosas ciudades del mundo.

El amplio espacio que será destinado a lugar cívico, surge también por razones técnicas de la obra, ya que se deberán construír dos losas subterráneas para la playa, que albergará a 600 vehículos, lo que no permite colocar encima una gran masa de tierra.

En el diseño se mantienen los árboles existentes en el lugar, pese a las dificultades que supone el irregularizar la playa de estacionamiento.

Asimiemo, sobre las losas mencionadas, se incorporarán canteros para alojar nuevos árboles.

Plaza de Italia (homenaje a las Aguas de Córdoba)
La forma triangular de la plaza y su posición contigua al desagüe a cielo abierto de La Cañada, en vías de recuperación, generan el trazado y diálogo de tres colinas coronadas por fuentes de agua, desde las cuales, ríos-acequías corren hacia el centro, donde un estanque-lago configura una alegoría del sistema hidrográfico de la provincia y del sistema de fuentes dieciochescas y diecinovescas, que es la atmósfera que dimana del edificio verde del recervorio del virrey Cisneros del Paseo Sobremonte, del tratamiento de La Cañada y del Palacio de Justicia. Las colinas están materializadas por muros de contención, pétreos, simil pircas, que describen curvas cual cotas de nivel, generando un todo aterrazado accesible, muy libre, que da identidad a esta plaza naturalista, opuesta contrapuntísticamente a las geometrizantes Plaza Cívica y España. El todo se liga coherentemente con estas, a través de un corazón circular irradiante, de lajas blancas y grises, inscripto en el triángulo de la plaza.

28

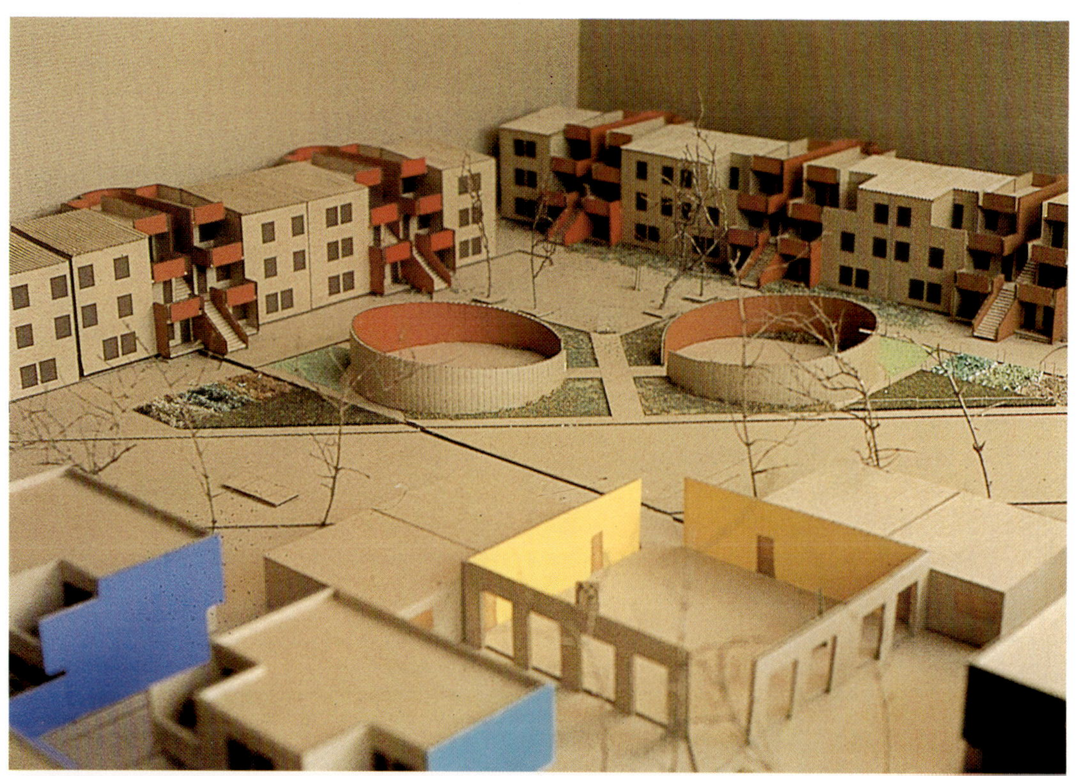

12 37
JUEVES
37 NOV

INFORMACION
Y ORIENTACION
LABORATORIO

Pedestrian Mall/
Peatonal

Obispo Trejo, between Duarte
Quirós and 27 de Abril, Córdoba
1979–80

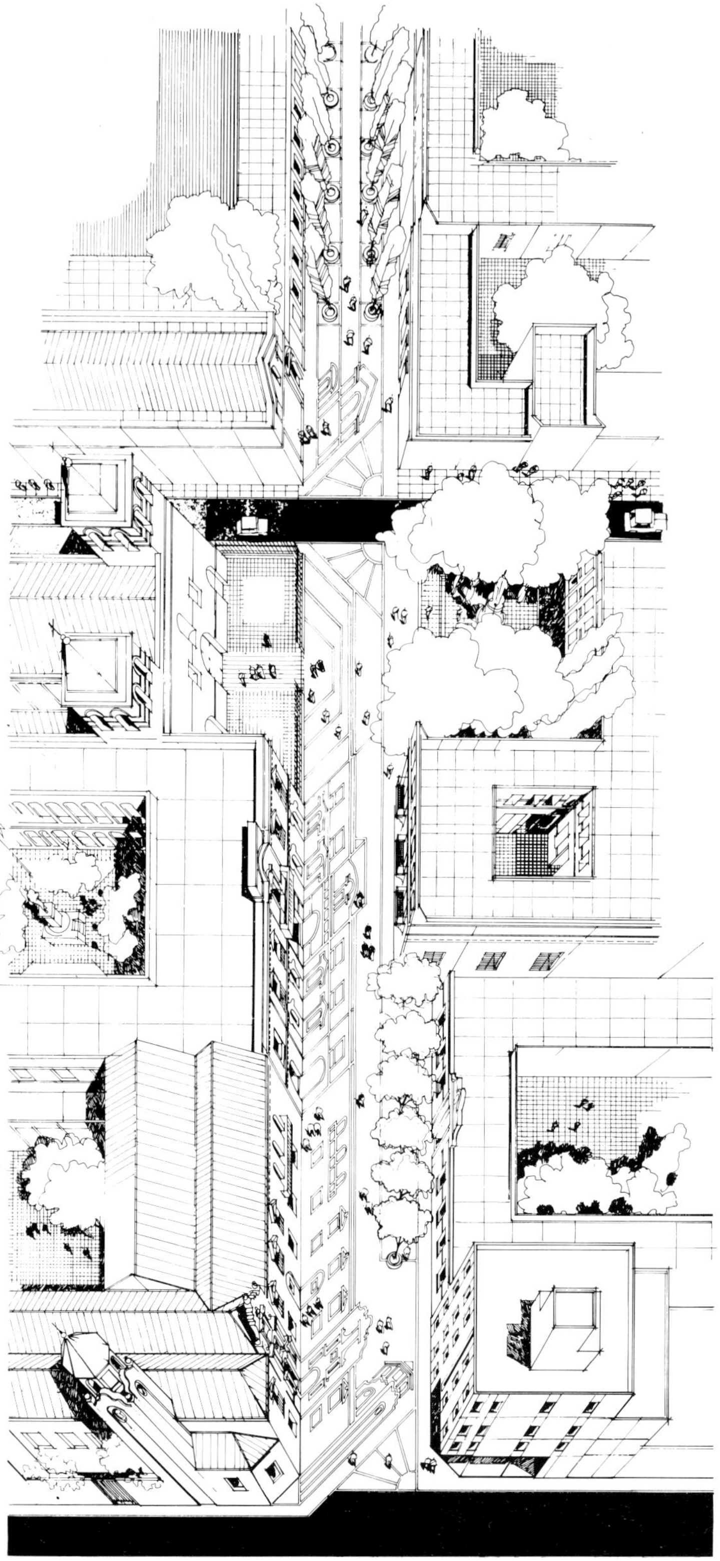

Aerial perspective, University Mall/Perspectiva aérea, peatonal universidad

Pedestrian Mall/
Peatonal
9 de Julio – 25 de Mayo, Córdoba

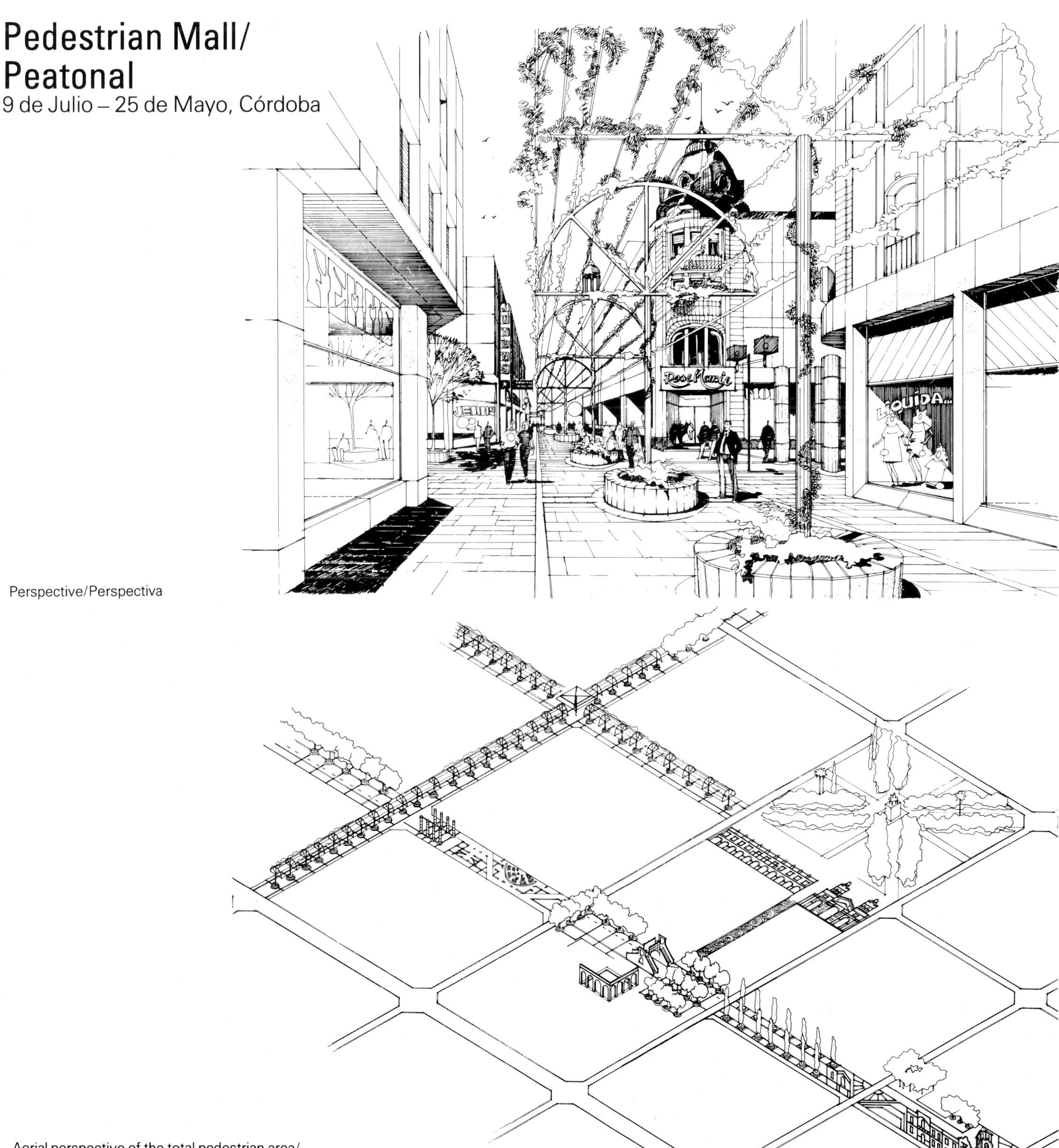

Perspective/Perspectiva

Aerial perspective of the total pedestrian area/
Perspectiva aérea de la totalidad del area peatonal

Plaza de Armas
Córdoba 1979

Aerial perspective/Perspectiva aérea

Plaza España
Córdoba 1969

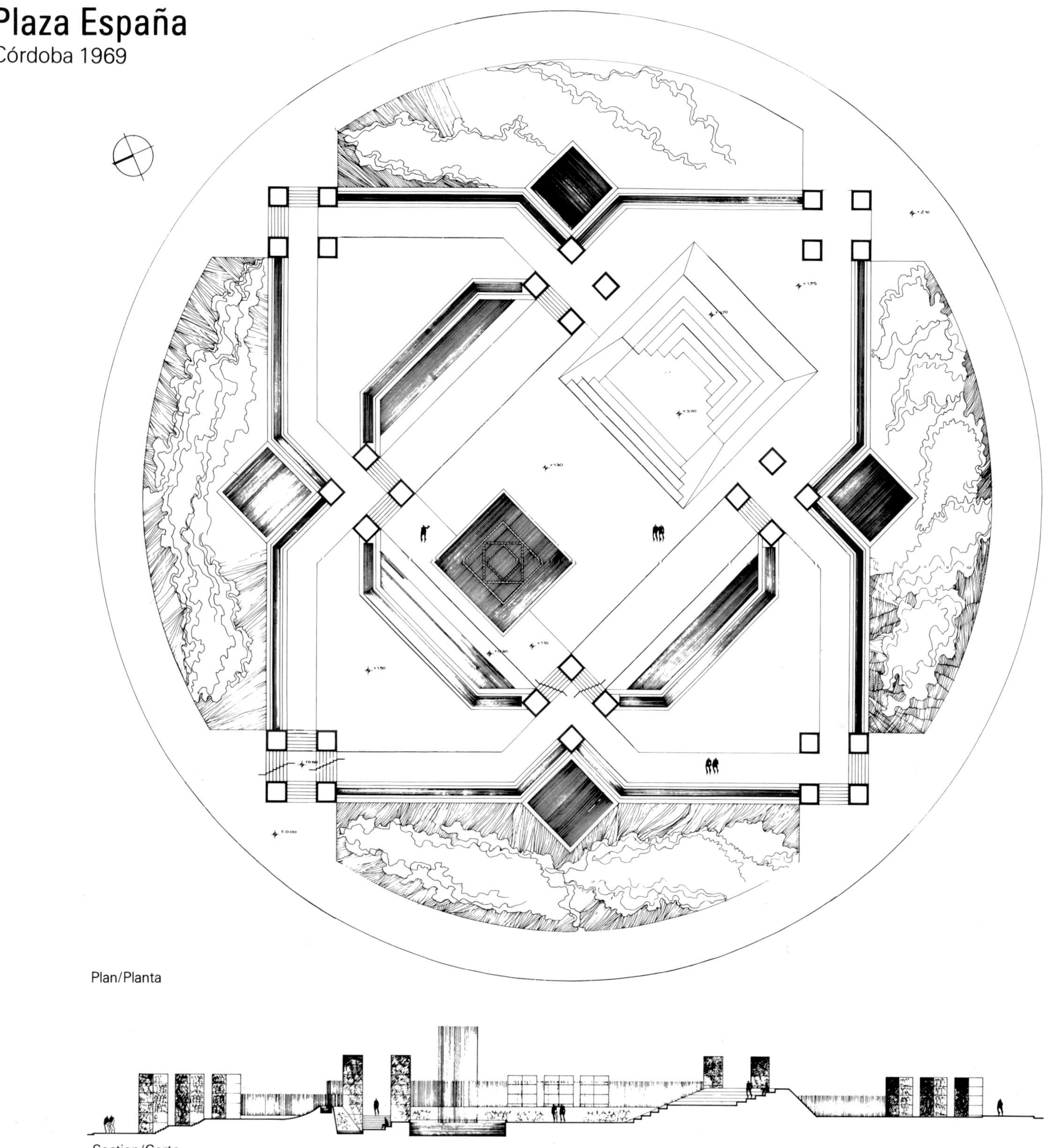

Plan/Planta

Section/Corte

Plaza Cívica
Córdoba 1980–

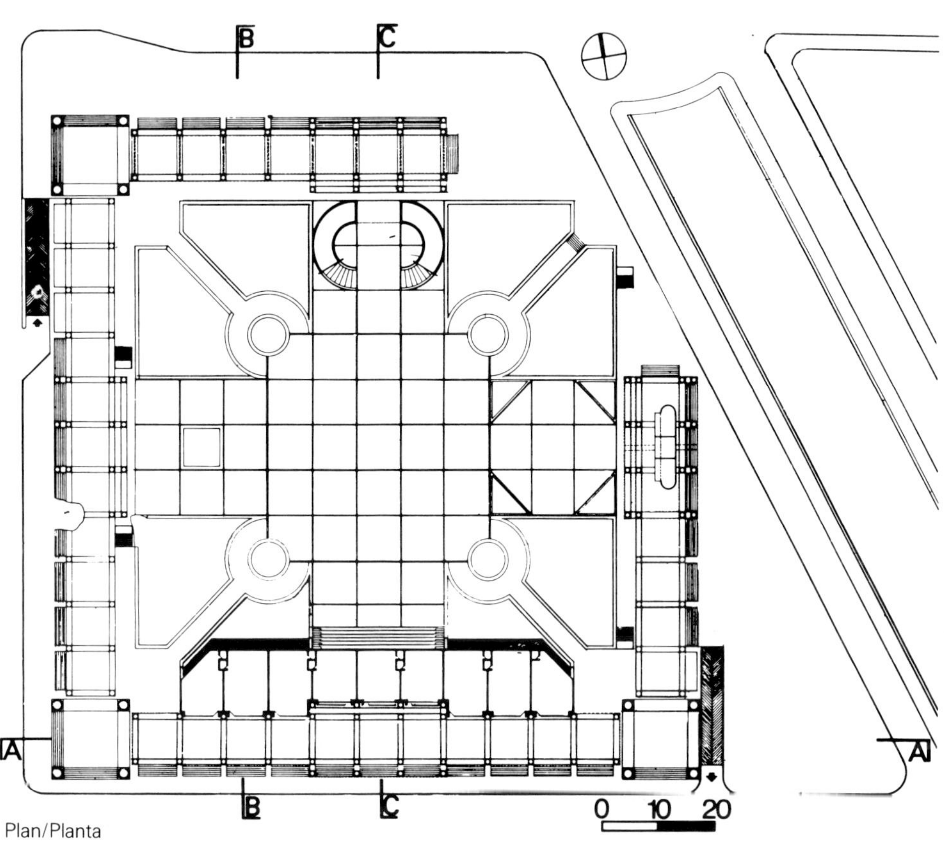

Plan/Planta

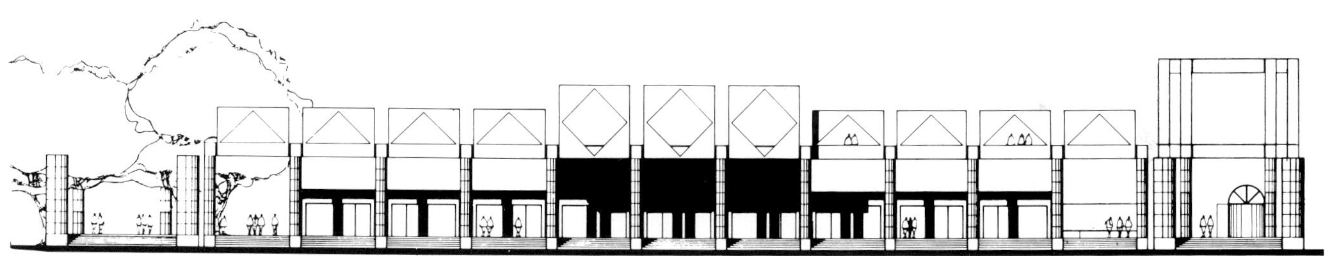

Elevation/Vista

Section/Corte

Perspectives/Perspectivas

Plaza Italia
Córdoba 1980

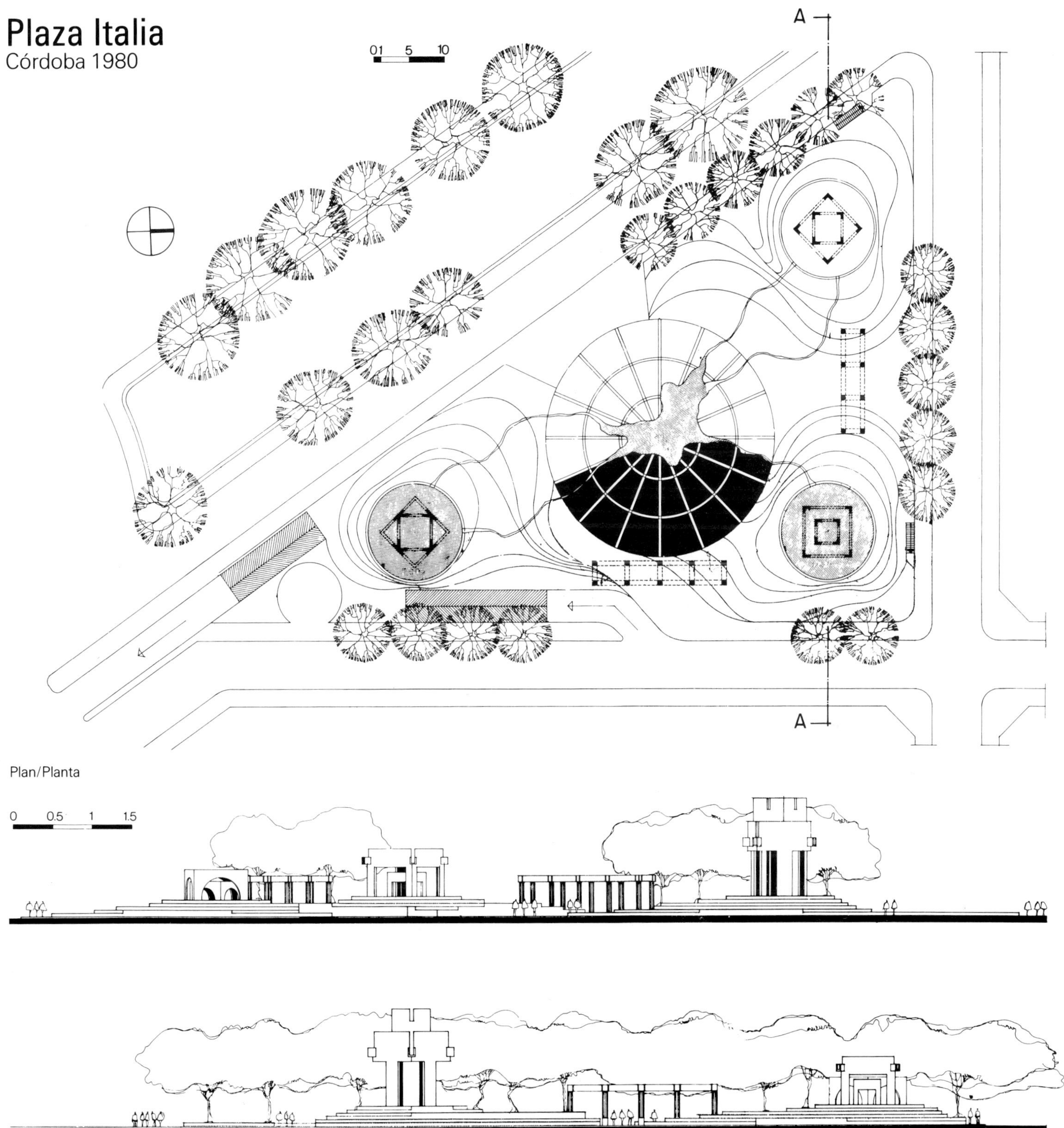

Plan/Planta

Elevations/Vistas

Plazoleta Ambrosio Funes

Córdoba 1980

Aerial perspective/Perspectiva aérea

CHAPTER 4

THE NEW CITY

LA NUEVA CIUDAD

CAPITULO 4

Imaginary City/
Ciudad Imaginaria

Aerial perspective of an imaginary city made up of
Roca's buildings and projects/Vista aérea de una
ciudad imaginaria hecha de proyectos y obras
construidas por Roca

Protea New Town/
Protea Nueva Ciudad
Protea, South Africa 1980
(Project/Proyecto)

Site plan/Planimetría general

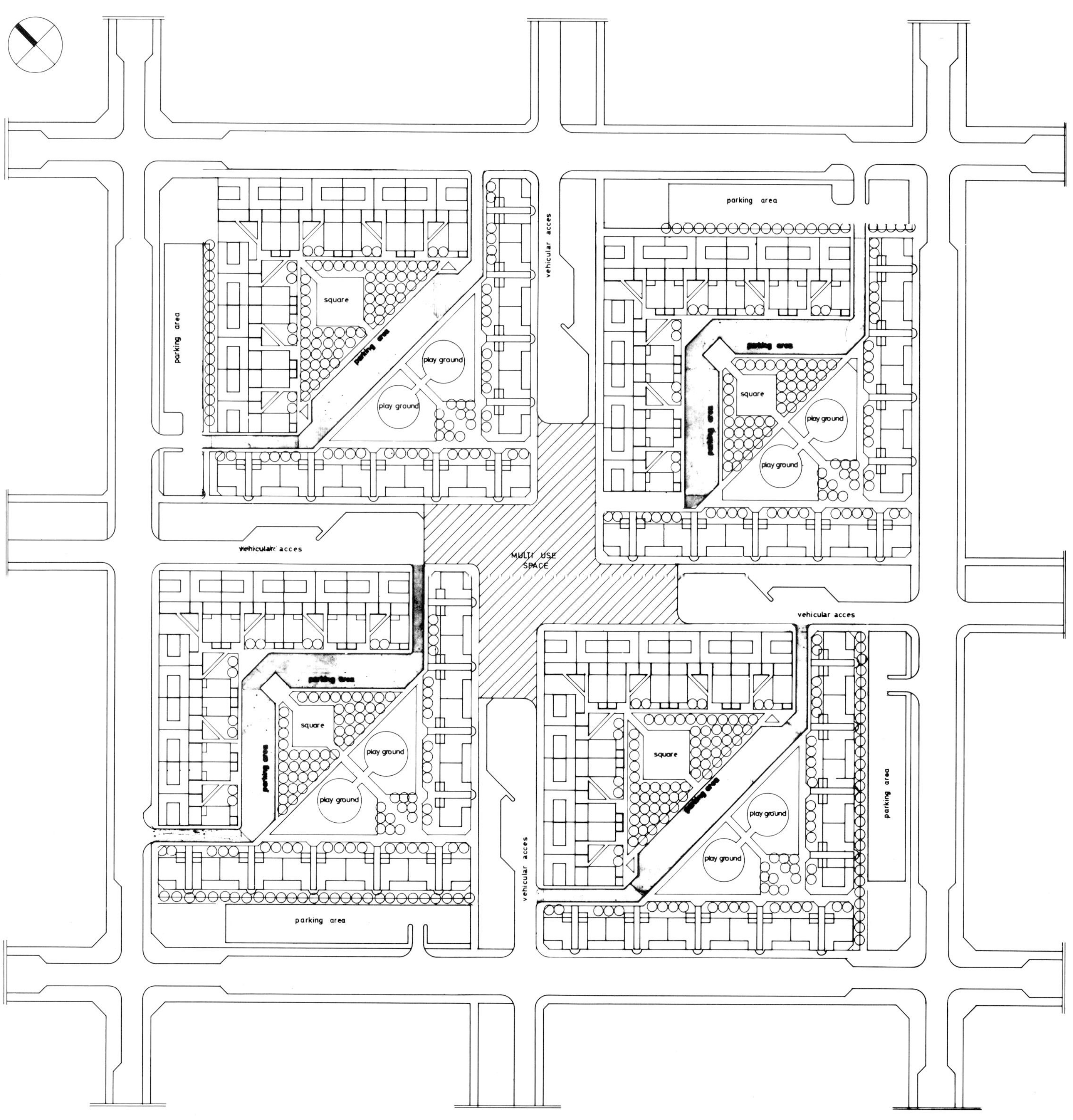

Plan of a 4-block module, 320 houses/Planta modulo
de 4 manzanas, 320 viviendas

Protea New Town/
Protea Nueva Ciudad
Protea, South Africa 1980
(Project/Proyecto)

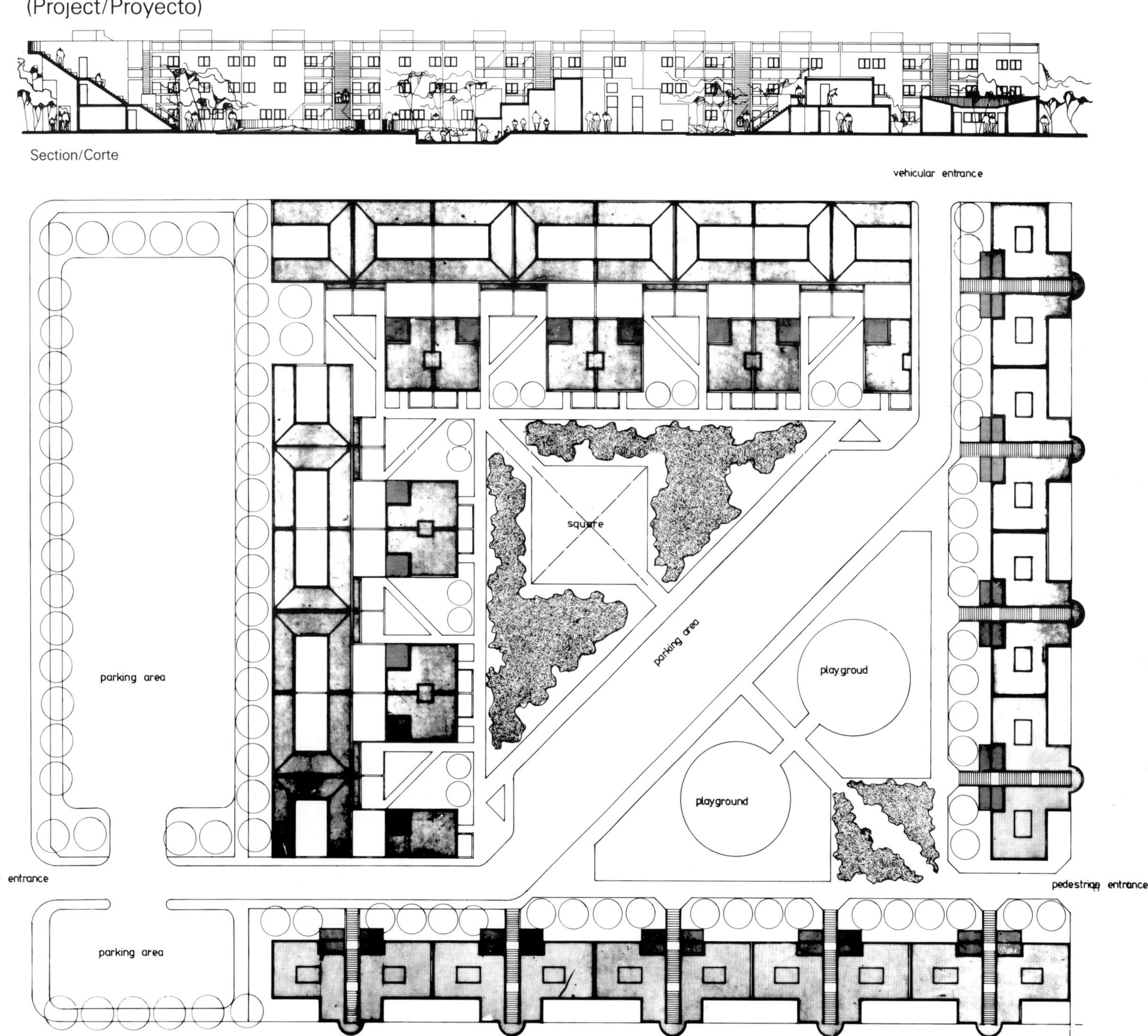

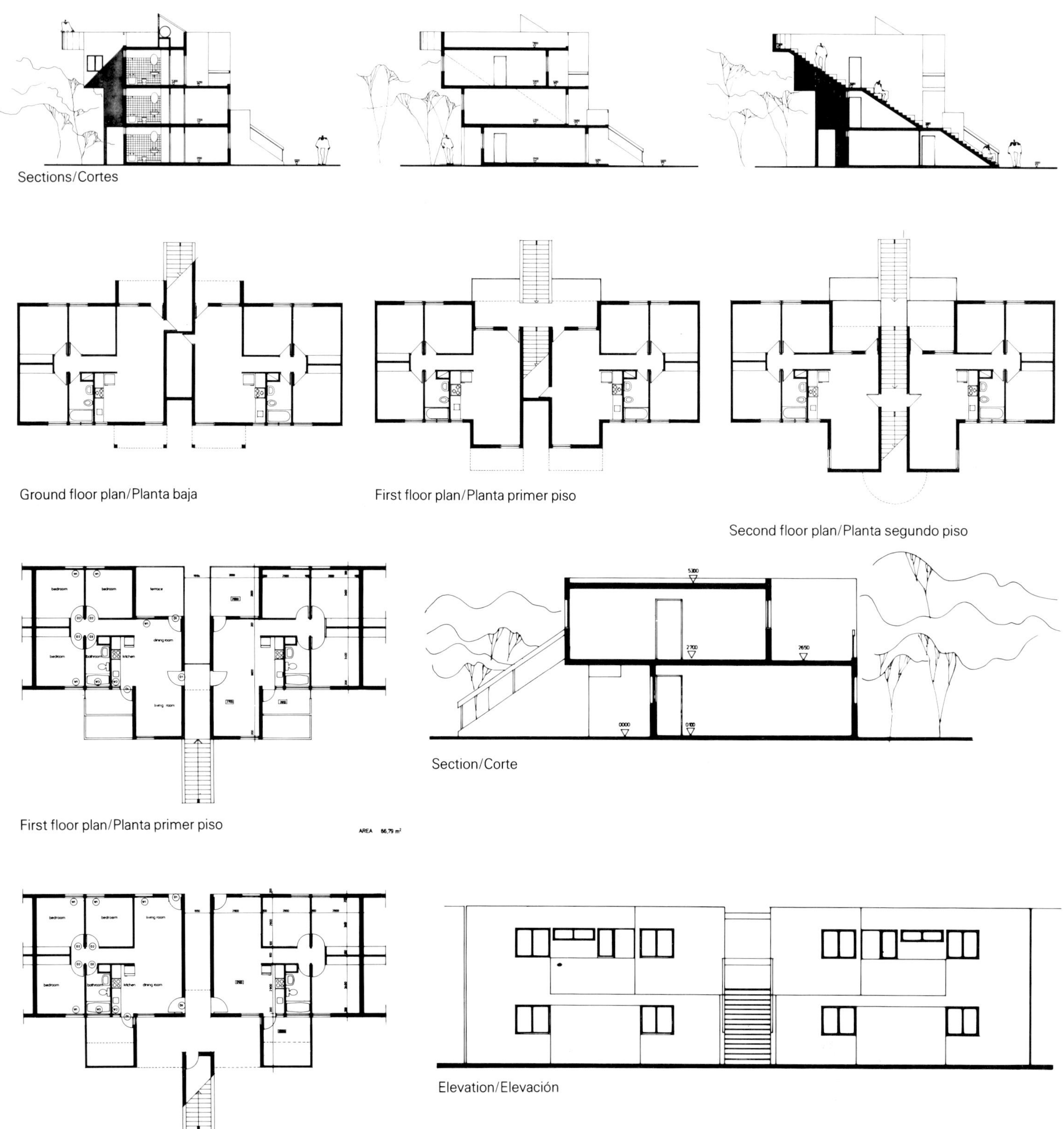

Sections/Cortes

Ground floor plan/Planta baja

First floor plan/Planta primer piso

Second floor plan/Planta segundo piso

First floor plan/Planta primer piso

AREA 66,79 m²

Section/Corte

Ground floor plan/Planta baja

AREA 67,16 m²

Elevation/Elevación

URBAN INTERVENTIONS
STRATEGIES OF RECYCLING, REVALORIZATION, URBAN INTENSIFICATION AND NEW DESIGNS FOR REBUILDING THE URBAN FABRIC

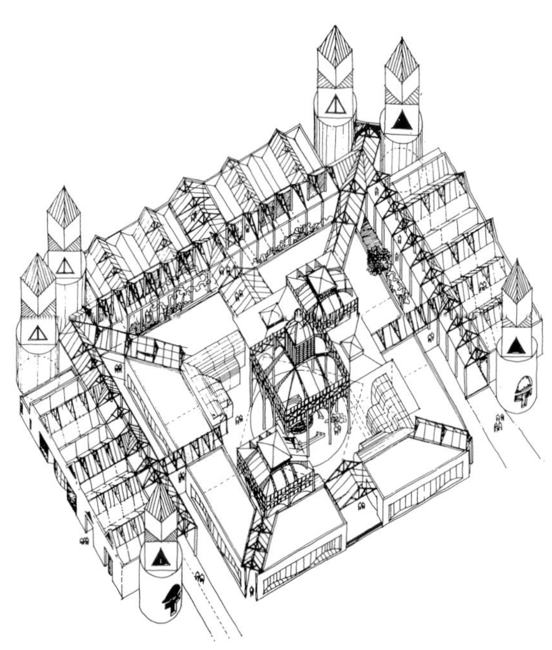

INTERVENCIONES URBANAS
ESTRATEGIAS DE REFUNCIONALIZACION, PUESTA EN VALOR Y NUEVOS DISEÑOS RECONSTITUYENDO DEL TEJIDO URBANO

CAPITULO 5

CENTRAL MARKET, PLAZA PRATT AND MAPOCHO STATION SANTIAGO, CHILE

The market and Mapocho station both form a northern gate into the inner city, providing access to the vegetable markets for the *chimba,* the popular classes. The turn-of-the-century market is a formidable, ornamental cast-iron structure which houses fish and crafts stalls. These have multiplied over the past 30 years, and now the market is so overcrowded that it is difficult to appreciate its architectural value.

The strategy has three main proposals. First, to maintain activity in the fish market area by encouraging the presence and collective memory of the populace. Second, to restore the valuable structure, emphasising its function as a meeting place by marking the periphery with food and crafts stalls. Third, to clear away the explosion of stalls and rebuild these in a light metallic structure in the shape of combs or cells of similar units connected internally by a glazed, U-shaped gallery embracing and framing the old building. A 6-metre wide continuous green strip will divide the old from the new, marking them as separate but showing, at the same time, how they are interrelated.

Facing the market will be a replica of it, reduced to its elements and component principles. Further versions of the market in greenery, plaster and water will define the space towards the station. Pavilion buildings with multiple metallic domes will form a trellis enclosure leading to the station. At the other end will be a green chessboard garden—a microcosm of Santiago, a synthesis of the city and its green outskirts.

The station itself is a glazed metallic structure of unquestionable value. The challenge of renovating the derelict building is to generate an environment of equivalent symbolic value and new oneiric quality. It is hoped to house the famous Santiago International Fair in a park around the station. Part of the park will be taken up by temporary pavilions, and the central space will contain an amphitheatre for conventions and permanent exhibition salons. These will be read iconographically as the *"last train"*, its carriage denoting a constant arrival or departure. What is called for this time is not a journey towards the immediate but a complicity with the remote. The ground floors will house shops and cafes increasing and complementing the activity of the fair. Offices will be located in the upper storeys, where existing structures and facades will be respected and restored. These will be serviced by pairs of staircases built as virtually independent promenades contrasting with the facades of the offices. The covered plaza will form an extension to the outer squares.

CENTRAL MERCADO, PLAZA PRATT Y ESTACION MAPOCHO SANTIAGO, CHILE

El mercado y la estación Mapocho actuan de puertas de ingreso desde el norte al área central. El viejo mercado, de fines de siglo, aparece con su formidable estructura de hierro fundido profusamente ornamentado albergando simples puestos de pescados y artesanías que en su constante crecimiento han superado su capacidad para extenderse en una suerte de costra edilicia de no más de 30 años, que lo ha distorsionado, haciendo difícilmente apreciable su valor arquitectónico patrimonial.

La estrategia contempla 1) mantener la actividad de mercado por la memoria colectiva y la presencia del pueblo en el área central 2) restaurar la valiosa estructura, exaltando la periferia con locales gastronómicos y artesanales y el área central como plaza de reunión y centro comunitario cubierto 3) demoler los agregados y reconstruirlos con una arquitectura metálica liviana en forma de peine o paquetes de locales afines articulados internamente por una galería o recova vidriada en forma de U que abrace y celebre el edificio distanciando lo nuevo de lo viejo con un intersticio verde continuo de 6 metros que marca la diferencia y evidencia su correlación.

Frente al mercado se erige una réplica sustantiva reducida a sus elementos y principios compositivos de aquella. Una serie de versiones otros, en verde, en mampostería, en agua comprometen y califican el espacio hacia la estación. Edificios apergolados de bóvedas metálicas múltiples generan los troncos de esos árboles llamados enredaderas que describen un recinto hacia la estación ferroviaria. Un jardín, en damero verde miniaturiza Santiago, en el otro extremo, planteándose como microcosmos de la metropolis.

La estación ferroviaria dotada de una estructura metálica de grandes luces y de incuestionable valor. El planteo de renovar la estación comporta un desafío a la imaginación para generar un ámbito de valor simbólico equivalente y de un nuevo onirismo; se propone alojar aquí al célebre FISA. Parte del parque se ocupa con pabellones transitorios y el espacio central con anfiteatro de convenciones y salones permanentes de exposición que se leen iconográficamente como el *"último tren"* y sus vagones hablando de un viaje en permanente arribo o en permanente partida. Las plantas bajas de los laterales alojan tiendas y confiterías que multiplican los usos y complementan la actividad de la feria internacional. Oficinas ocupan los pisos superiores cuyas estructuras y fachadas se respetan y restauran servidas por paces de escaleras descriptas en su desarrollo como paseos casi independientes que valorizan y activan las fachadas del recinto interior elevado al rango de plaza cubierta prolongando el sistema exterior.

Central Market, Plaza Pratt & Mapocho Station/Central Mercado, Plaza Pratt y Estación Mapocho

Santiago, Chile 1982

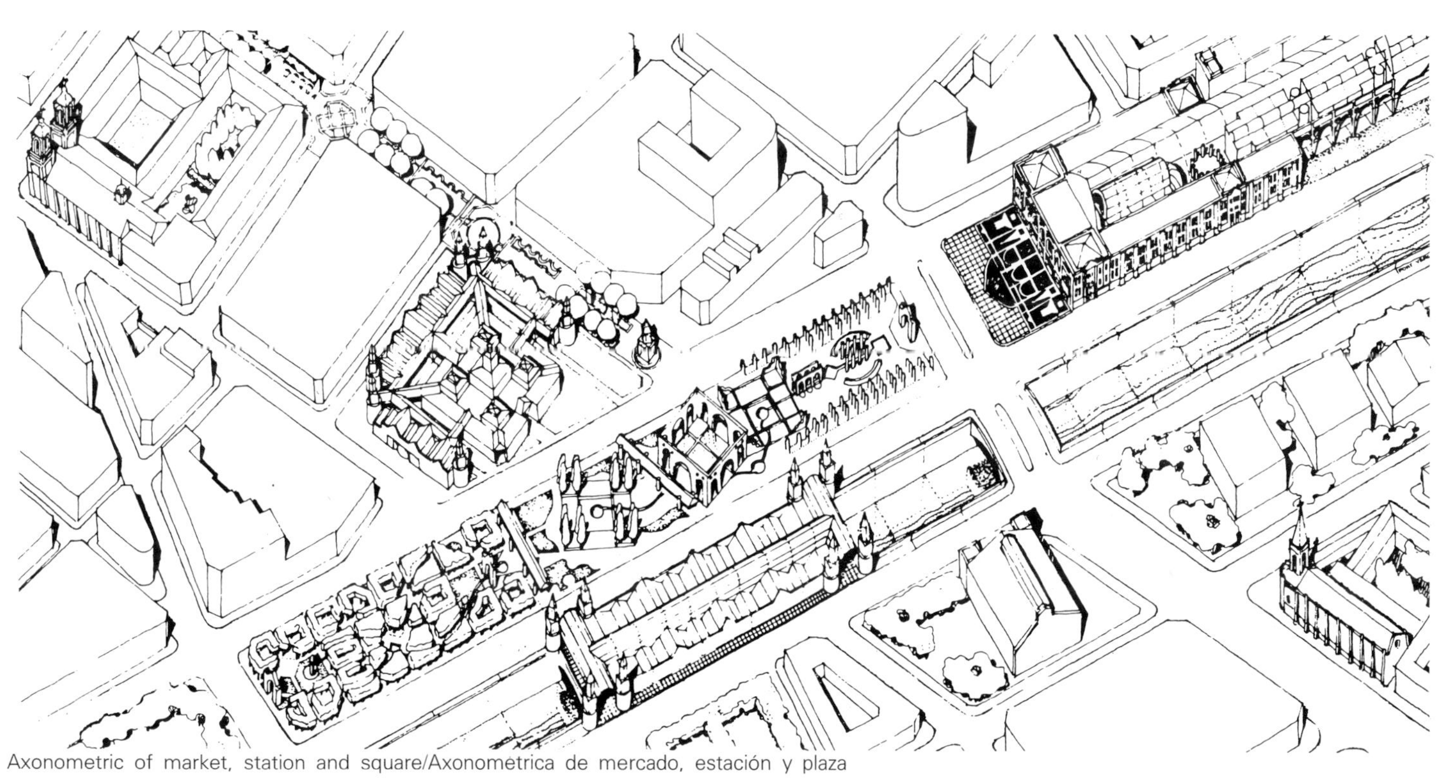

Axonometric of market, station and square/Axonométrica de mercado, estación y plaza

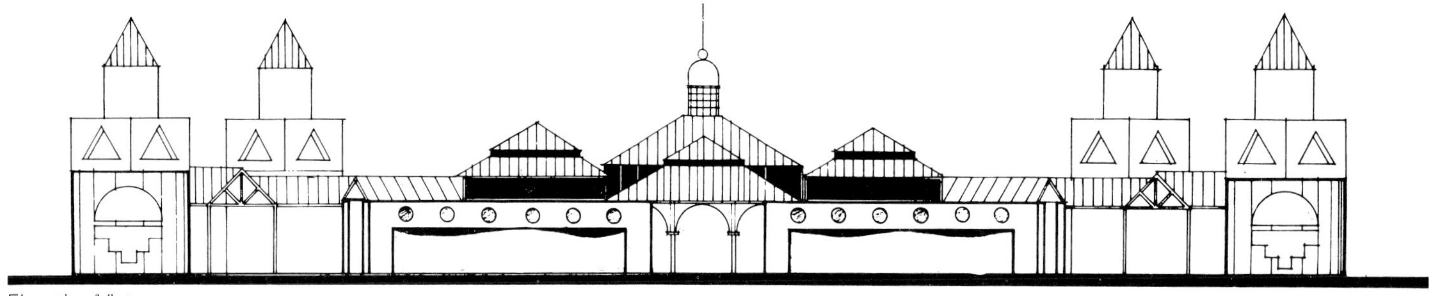

Elevation/Vista

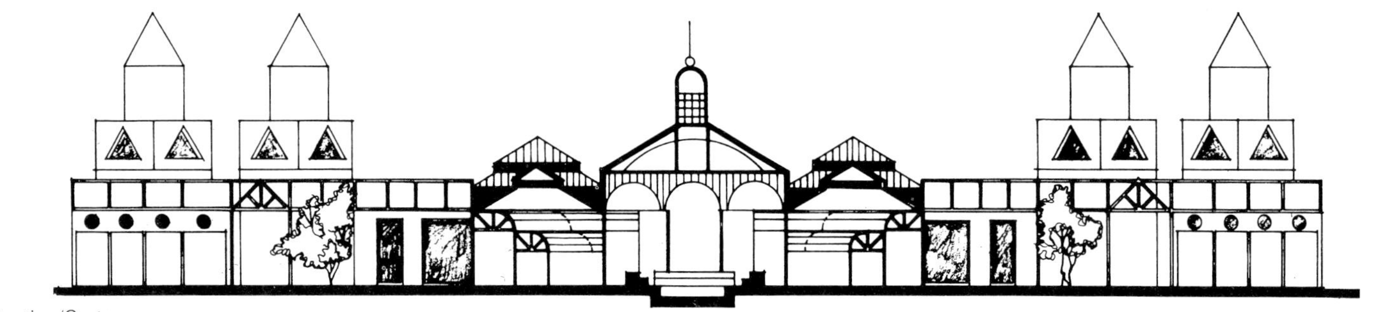

Section/Corte

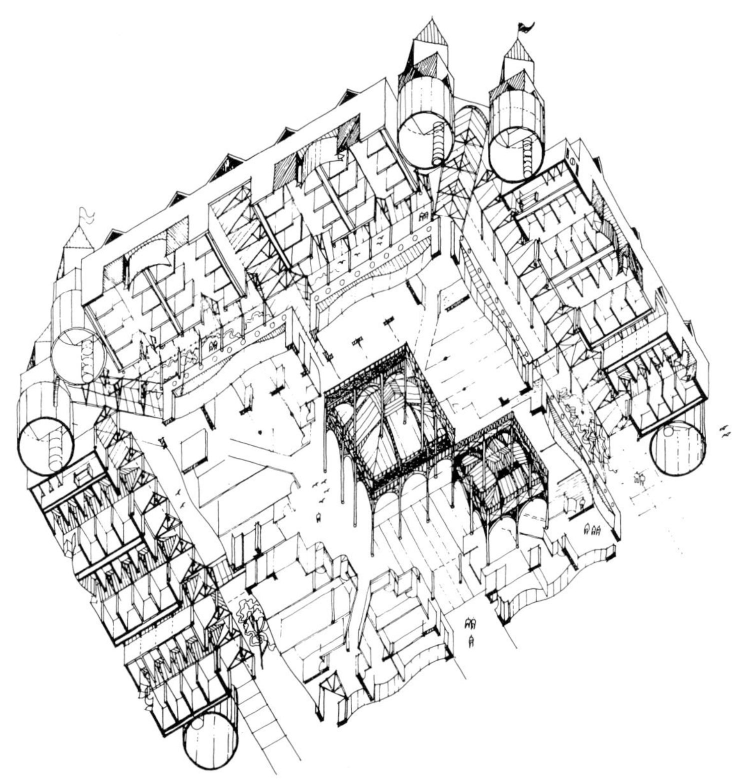

Axonometric/Axonométrica

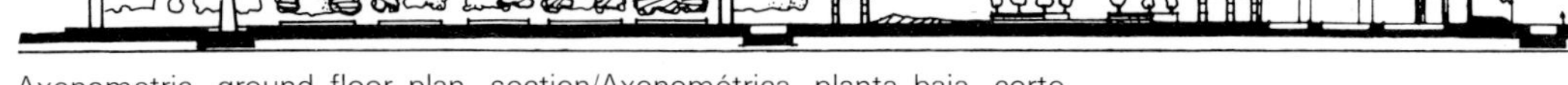

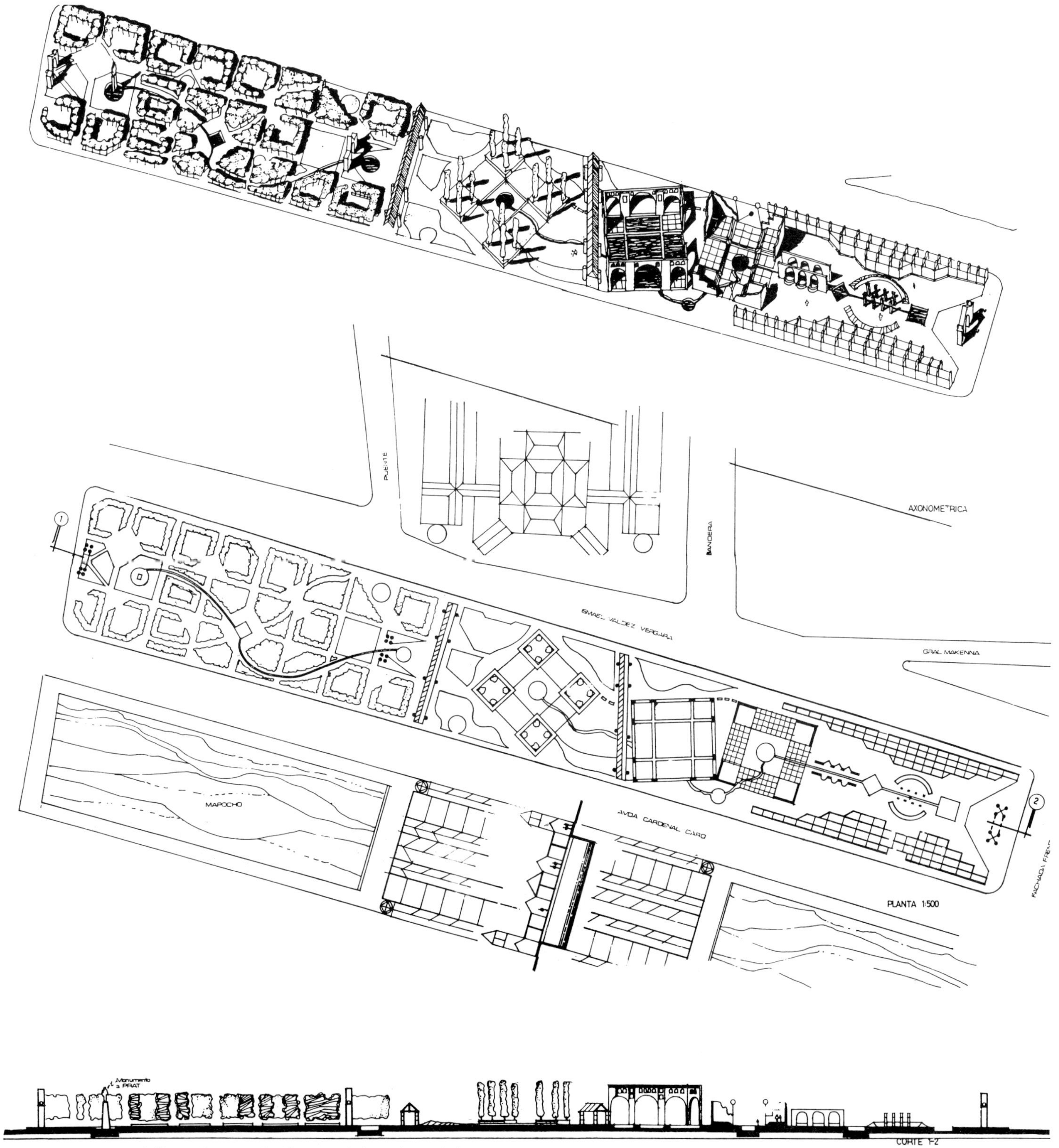

Axonometric, ground floor plan, section/Axonométrica, planta baja, corte

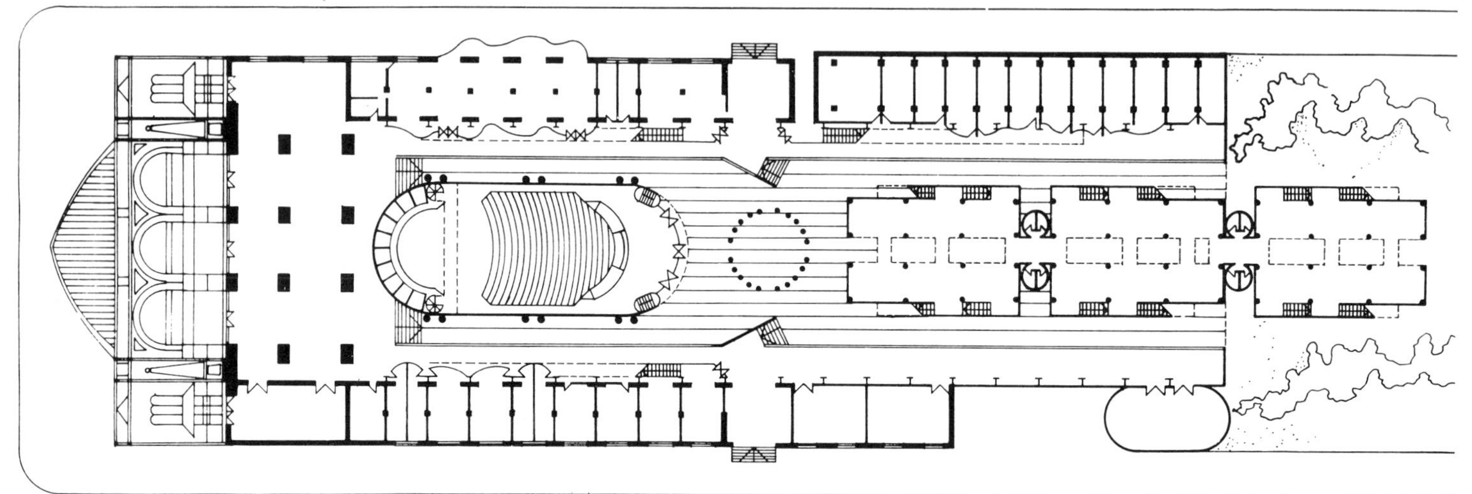

Ground floor plan/Planta baja

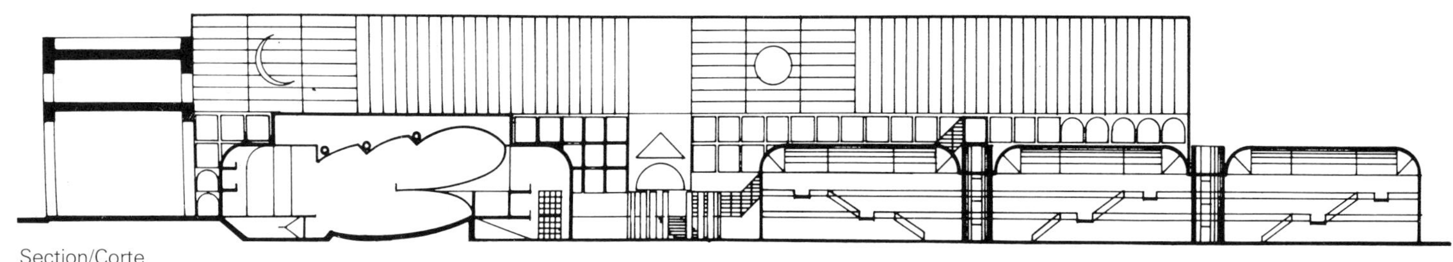

Section/Corte

Axonometric/Axonométrica

TOURIST CENTRE
SAN MARTIN DE LOS ANDES
NEUQUEN

The city of San Martín de los Andes in the province of Neuquén, Argentina, has 15,000 inhabitants and is linearly developed in a valley which is one kilometre wide and five or six kilometres long. It lies at the foot of the Andes and is surrounded by a wonderful landscape with perenially snow-capped peaks and forests. The forests fringe Lake Nacar and twenty other lakes in the National Parks, amongst them Lanin and Nahuel Huapi, Argentina's largest.

From the entrance road to the shore runs the longitudinal axis which marks the extended development of the grid of the city. Along this axis are dispersed commercial, recreational and other activities. The administrative centre of the city is located in one of the two main squares, which is framed by the town hall and a tourist office. The axis connects two sites; one a little-used square, the other a piece of land next to the lake. In the former, the proposal is to build a partly sunken commercial centre which will preserve the character of the square. In the latter, a cultural centre is planned.

On the same axis there is a pier. A bar-raft (*balsa*), shopping centre, etc. extend the leisure and tourist activities tied to fishing and skiing to the middle of the lake and carries the town out onto the water.

In San Martín as in many other towns, the blocks are perceived as solid even though they may be pierced by arcades, and the streets are the primary spaces. The idea here, as in Córdoba, is to recover the potential monumentality of the squares — much in the spirit of Pierre Patté, who planned 18 squares for Paris.

Use of the facilities will be encouraged by concrete means. In Plaza Sarmiento shops open onto a sunken arena which can only be viewed by pedestrians entering from the four corners of the square while transit continues around it. Between the masses of the theatre and museum, the cultural centre provides a focus for routes from all corners of the town.

CENTRO TURISTICO
SAN MARTIN DE LOS ANDES
NEUQUEN

La ciudad de San Martín de los Andes en la provincia del Neuquén-Argentina tiene 15.000 habitantes y se desarrolla linealmente en un valle de un kilómetro de ancho por cinco o seis de largo al pie de la Cordillera de los Andes. Ròdeado de un paisaje de gran atractivo con cadenas de montes nevados aun en verano y bosques que se precipitan sobre el lago Lacar como sobre la veintena de otros lagos de los Parques Nacionales más extensos del país Lanin y Nahuel Huapi.

Entre las manzanas de la ciudad corre el eje longitudinal de extenso desarrollo (nace en la ruta de ingreso y remata en un punto cualquiera de la playa) que aloja de manera dispersa actividades comerciales, recreativas, etc. Las administrativas se concentran frente a una de las dos plazas del conjunto con un centro turístico y la municipalidad definiendo su frente. El eje vincula igualmente dos terrenos cuya vocación a escala urbana es manifiesta. Se trata de una plaza escasamente utilizada y un baldío próximo al lago. En el primero se propone un centro comercial semihundido manteniendo el carácter del lugar y en el último el centro cultural.

Sobre la playa y en correspondencia con el eje aparece el organismo de un muelle que prolonga al pueblo sobre el lago. Una balsa bar, centro de aprovisionamiento, etc. lleva las actividades recreativas y turísticas de este centro de pesca veraniega y de ski invernal al medio del lago.

En San Martín como en otras ciudades se viven las manzanas como sólidas aun cuando esten atravesadas por galerías y las calles como los espacios fundamentales. Se trata de recuperar como en Córdoba la monumentalidad potencial de las plazas como condensadores, intensificadores del tejido urbano (como en el París de Patté poblado por las 18 plazas presentadas para la Plaza Luis XV-de la Concordia).

Pero abrirlas al uso mediante actividades concretas como en la Plaza Sarmiento, poblada bajo nivel por negocios que abren a un corazón circular, centro comercial recreativo que solo se entrevé peatonalmente, desde las esquinas, y abierto al tránsito conforme a las líneas de deseo. Un bloque como el centro cultural abre sus entrañas de plaza y sus volumenes desde el teatro al museo, a quien camine la ciudad proponiendo un recorrido desde su interior hacia cualquiera de las dos esquinas.

Tourist Centre/
Centro Turístico
San Martín de los Andes, Argentina 1983

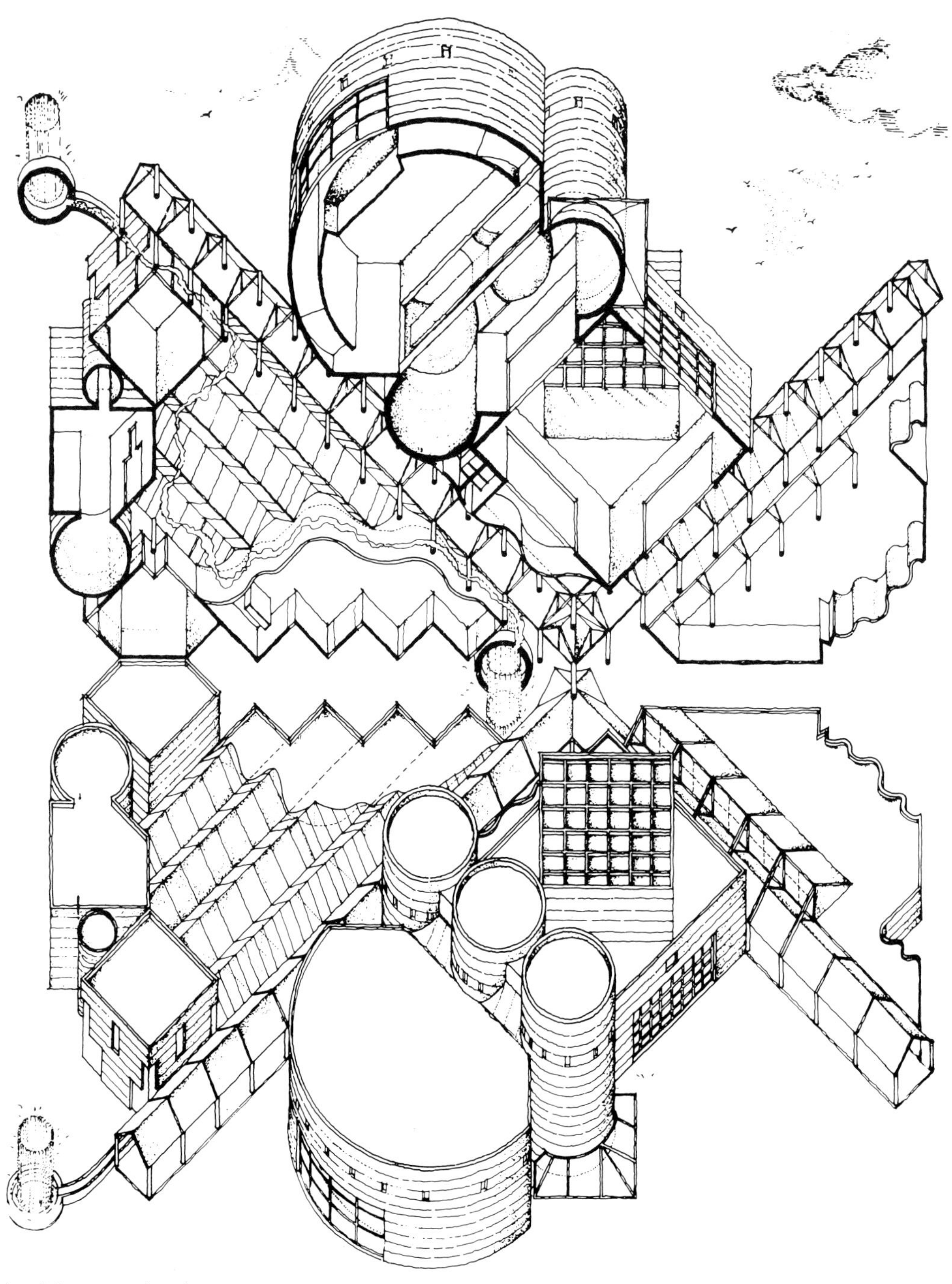

Axonometric of the cultural centre/Axonométrica del centro cultural

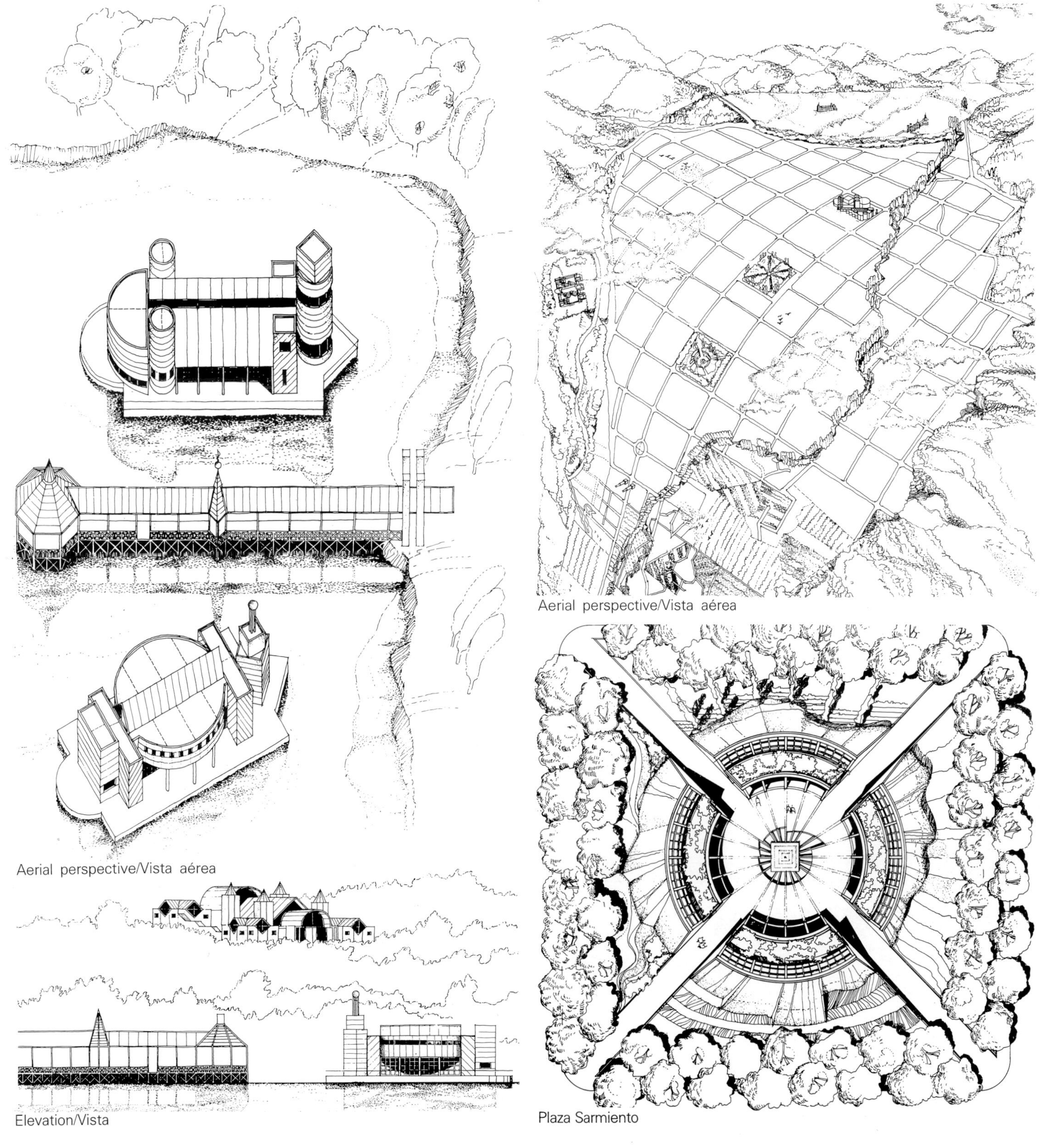

Aerial perspective/Vista aérea
Aerial perspective/Vista aérea
Elevation/Vista
Plaza Sarmiento

'Paseo de la Luz'
Rivadavia, 1984

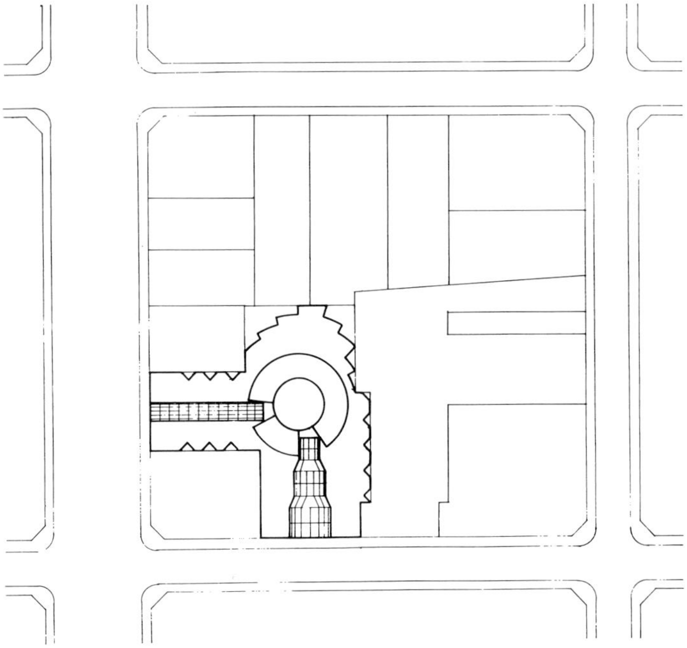

Site plan/Planimetría

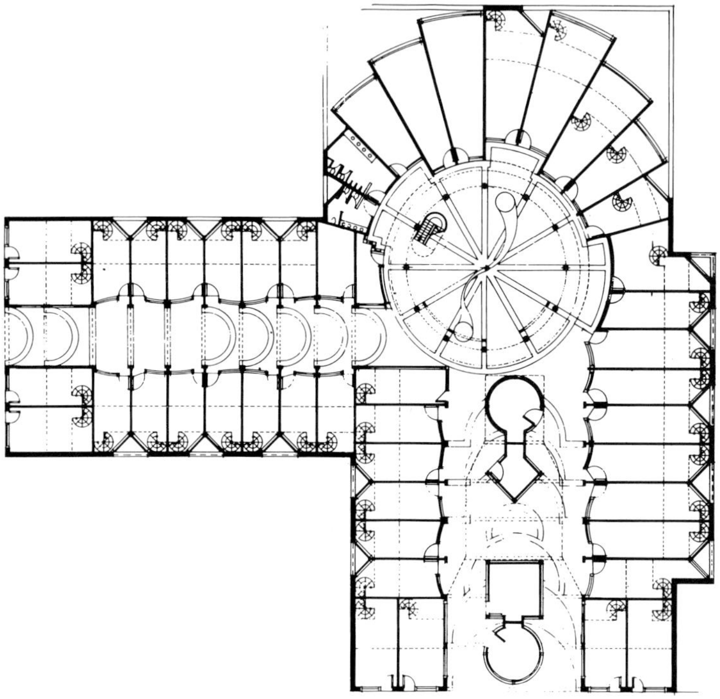

Plan/Planta

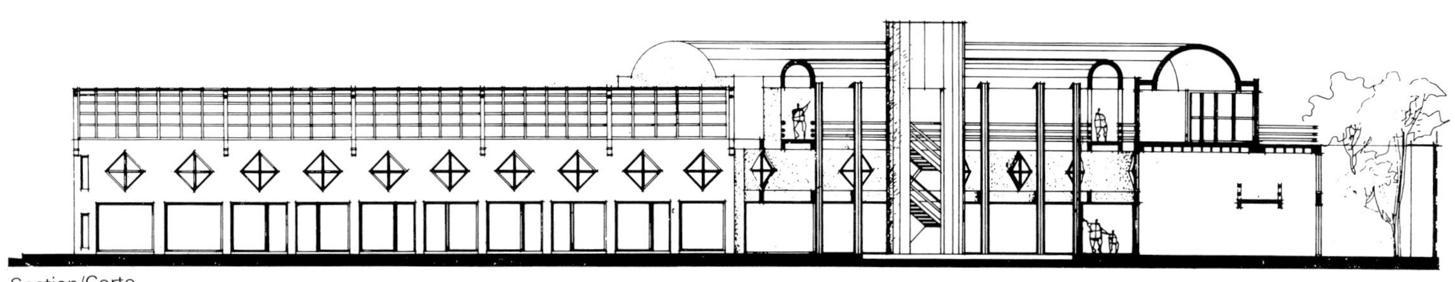

Section/Corte

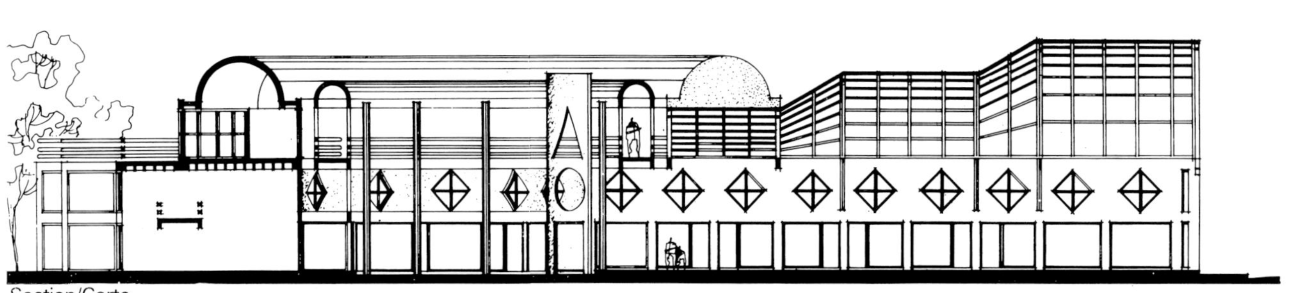

Section/Corte

Perspective section/Corte perspectivado

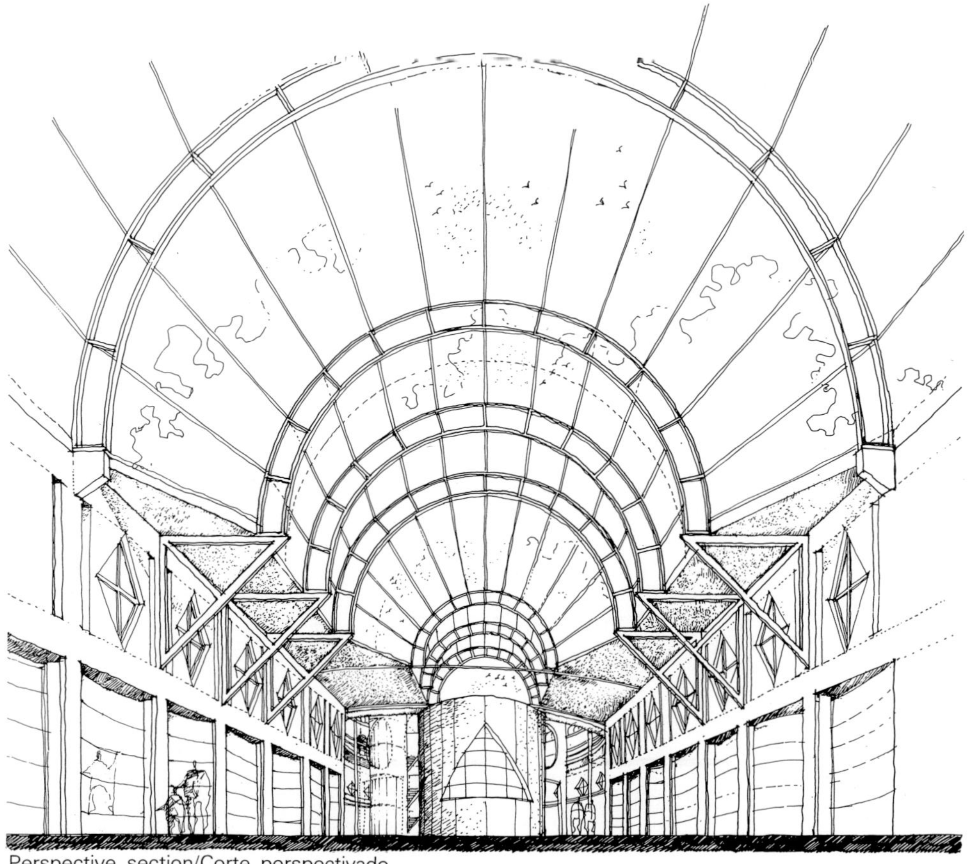

Perspective section/Corte perspectivado

Santiago del Estero Building/
Edificio Santiago del Estero
Argentina 1984

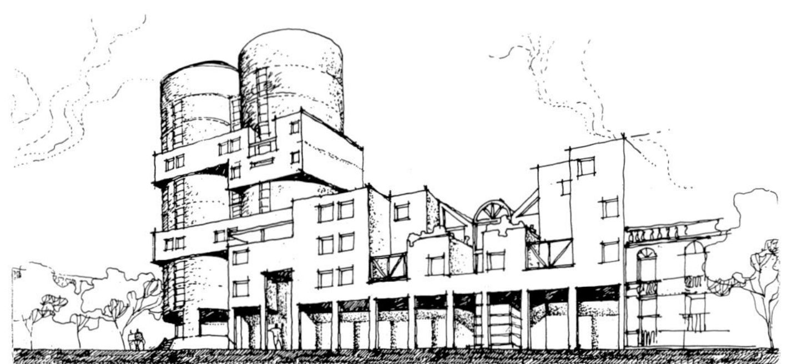
Perspective/Perspectiva

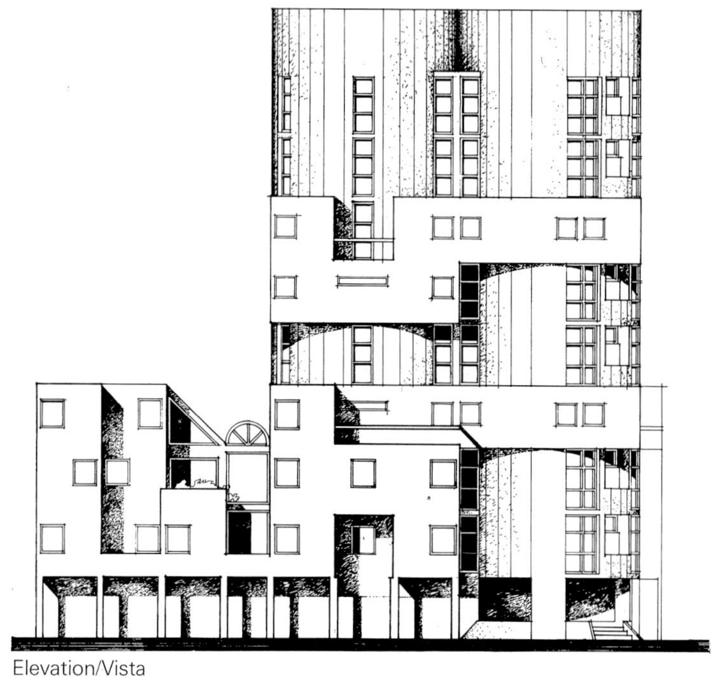
Elevation/Vista

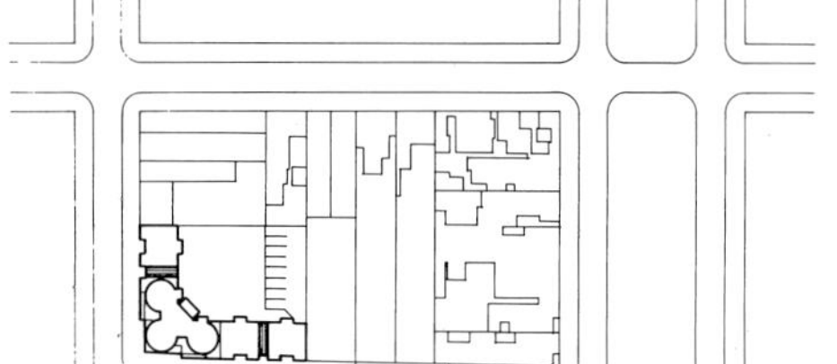
Site plan/Planimetría

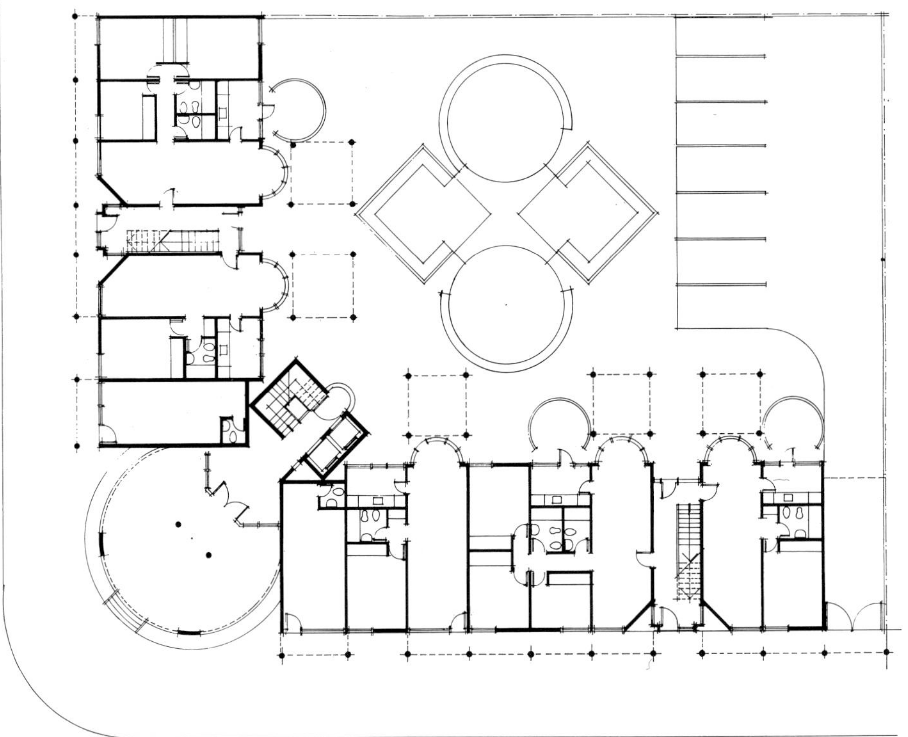
Ground floor plan/Planta baja

NEIGHBOURHOODS, OR A CITY WITHIN THE CITY: FRAGMENTS OR IDENTIFIABLE URBAN TERRITORIES

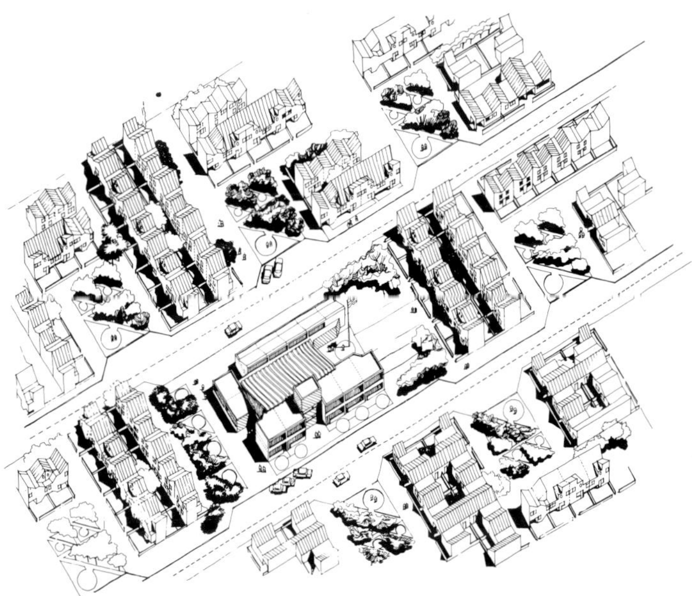

LOS BARRIOS O UNA CIUDAD DENTRO DE LA CIUDAD, FRAGMENTOS O TERRITORIOS URBANOS IDENTIFICABLES

CAPITULO 6

NEIGHBOURHOODS, OR A CITY WITHIN THE CITY: FRAGMENTS OR IDENTIFIABLE URBAN TERRITORIES

The neighbourhoods and native districts as social organisms with a formalized identity and a finite physical dimension represent the counterproposal to the abstract urbanism of the social and formal indeterminacy of zoning or modern neighbourhood units. They integrate the dwelling and its services—cultural, social and so on—delineating a city inside the city.

The functional and typological complexities of the compositions (San Pedrito) do not overlook the basic structuring elements of streets, open galleries, squares and blocks, in some cases on an intimate scale (Neuquén, Protea, Florencio Varela), which we believe are the key to every urban structure. The hierarchy of routes, streets and squares is organized according to a hierarchy of uses, at various levels of community interrelationship from the private, to small groups, to the wider public area.

THE DWELLING AS CONSTITUTIVE ELEMENT OF THE URBAN FABRIC

Buildings, the existing urban fabric and geographical and topographical data are integral constitutents of architectural and urban composition.

Through the complex typological search for a solution, and the creation of public spaces such as squares and routes as meeting and assembly places—articulated morphologically in accordance with the natural or built environment (Salta, Universitas), and individually characterized by towers identified by colour—together with constantly revised and improved handling of technological possibilities, we try to overcome the limitations of exclusively residential uses resulting from public housing programmes and policies by attempting to establish them as complex elements of the city. Through the typological diversity (in Santo Domingo) of towers and bands, of duplex flats and individual houses, we seek to achieve an urban composition of large spatial unity with a strong sense of location.

LOS BARRIOS O UNA CIUDAD DENTRO DE LA CIUDAD, FRAGMENTOS O TERRITORIOS URBANOS IDENTIFICABLES

El barrio, las patrias barriales, como organismos sociales con identidad formalizada y dimensión física definida, constituye la contra propuesta al urbanismo abstracto de la indeterminación social y formal de la zonificación o las unidades vecinales modernas. Integra la vivienda con sus servicios, equipamientos culturales, sociales, etc., configurando una ciudad dentro de la ciudad.

La complejidad funcional y tipológica de las composiciones (San Pedrito), no pierden de vista los elementos básicos estructurantes de calles, recovas, plazas y bloques en escalas en algunos casos íntimos (Neuquén, Protea, Florencio Varela), que creemos es la clave de toda estructura urbana. La jerarquía de los espacios canales, calles, y de las plazas, está organizada según un orden de usos, diversas escalas de interrelación comunitaria de lo privado, al pequeño grupo, a la gran área pública.

LA VIVIENDA COMO ELEMENTO CONSTITUTIVO DEL TEJIDO URBANO

Los edificios, el tejido urbano existente en el entorno, los datos geográficos y topográficos forman parte integral de la composición arquitectónica y urbanística.

A través de la búsqueda tipológica compleja de la respuesta y la formación de los espacios públicos tales como plazas y rutas, como lugares del encuentro y la manifestación, y por sus articulaciones morfológicas con el entorno natural o construído (Salta, Universitas), y su caracterización personalizada de torres identificadas por su color, con el manejo tecnológico de lo posible, se trata de superar las limitaciones de usos residenciales exclusivos, emergentes de programas y políticas habitacionales públicas, para tratar de constituírse en elementos complejos de la ciudad. A través de la diversidad tipológica (en Santo Domingo) de torres y cintas, o duplex y viviendas individuales, se pretende una composición urbana de gran unidad espacial y de fuerte sentido de lugar.

Santo Domingo Housing Complex/ Conjunto Habitacional Santo Domingo
Córdoba 1971

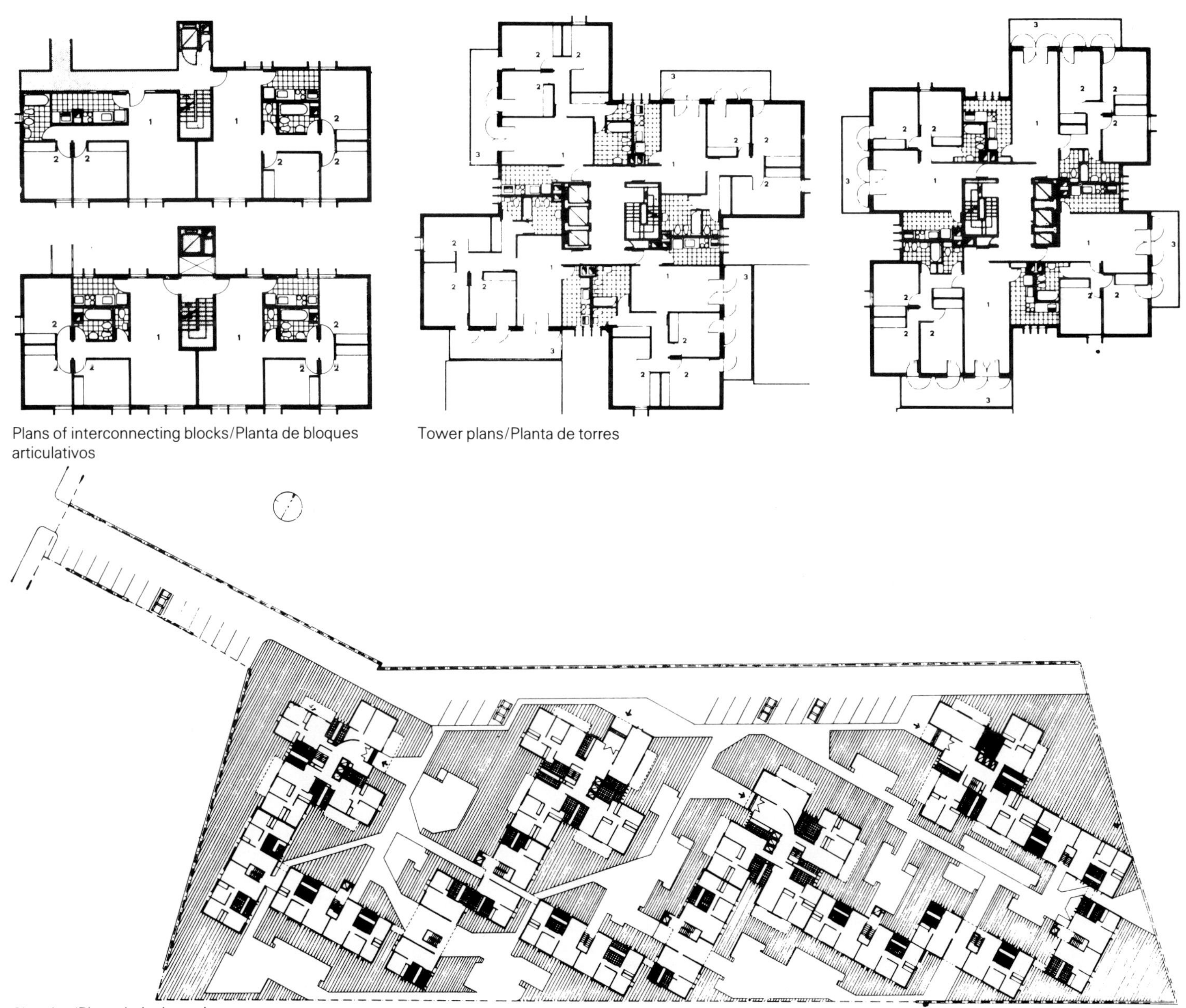

Plans of interconnecting blocks/Planta de bloques articulativos

Tower plans/Planta de torres

Site plan/Planta baja de conjunto

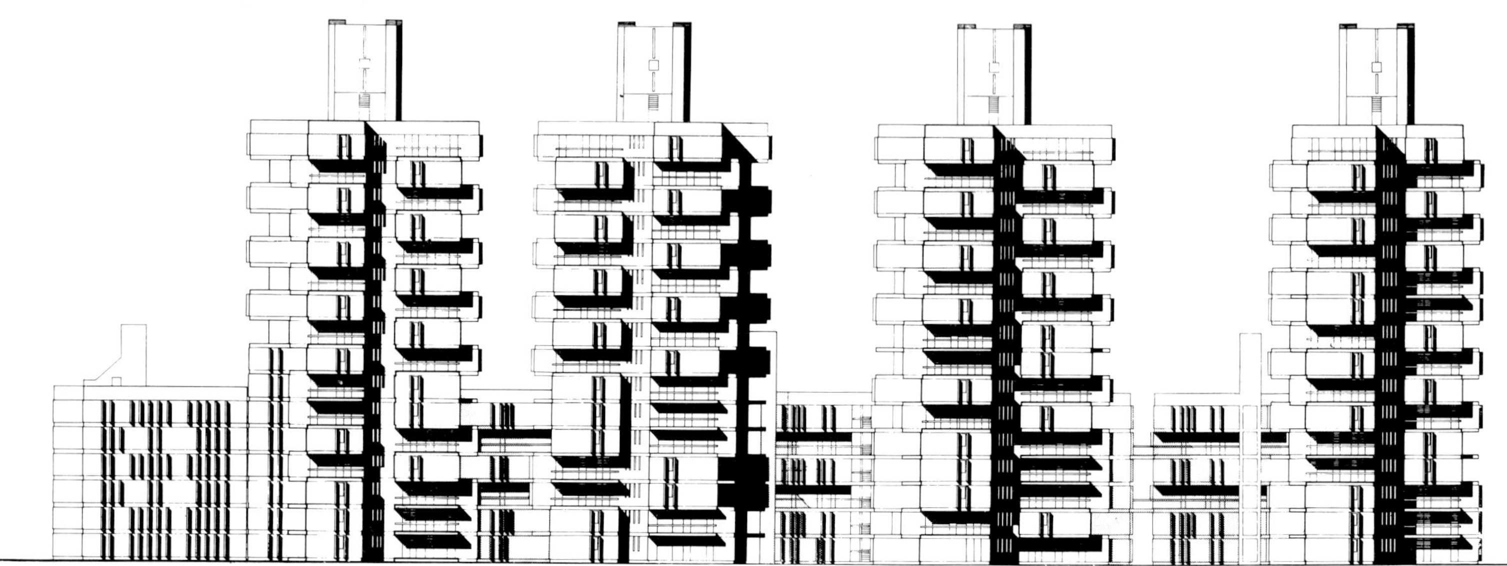

Elevation/Vista

Firestone
CÉNE

San Bernardo Hill Housing Complex/ Conjunto Habitacional Cerro San Bernardo
Salta 1970

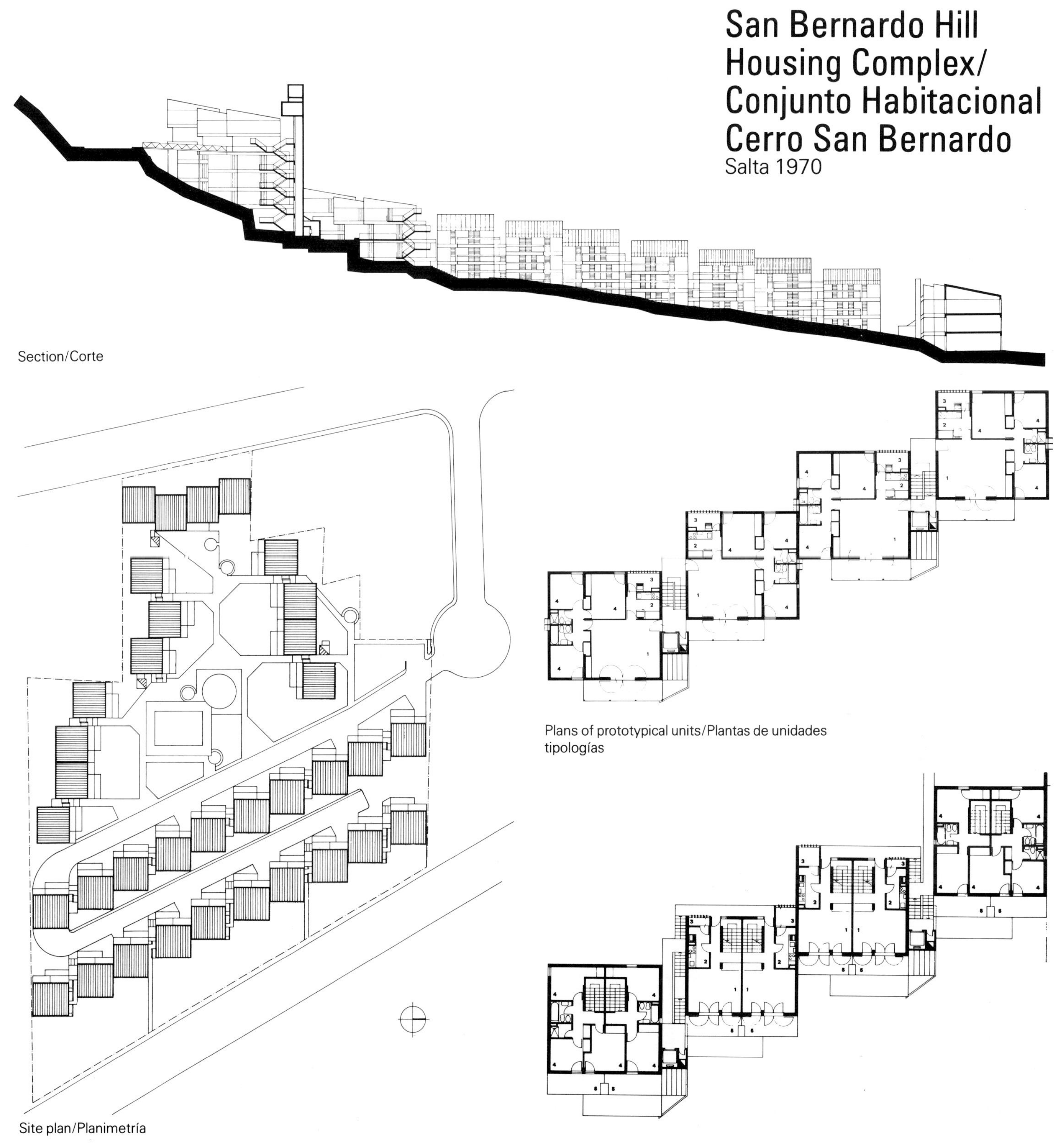

Universitas Consortium/
Consorcio Universitas
Córdoba 1971

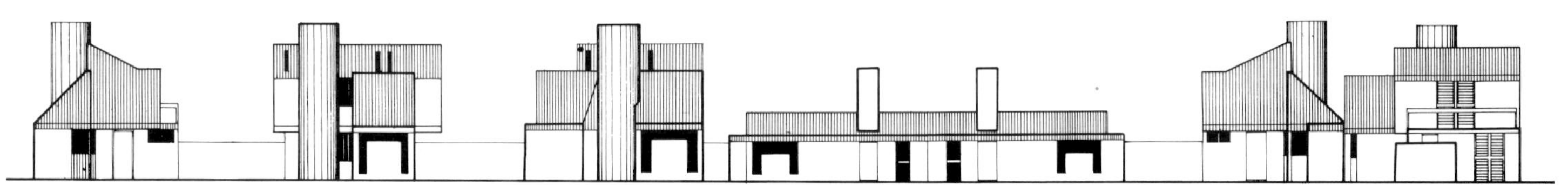

Street elevation/Vista general

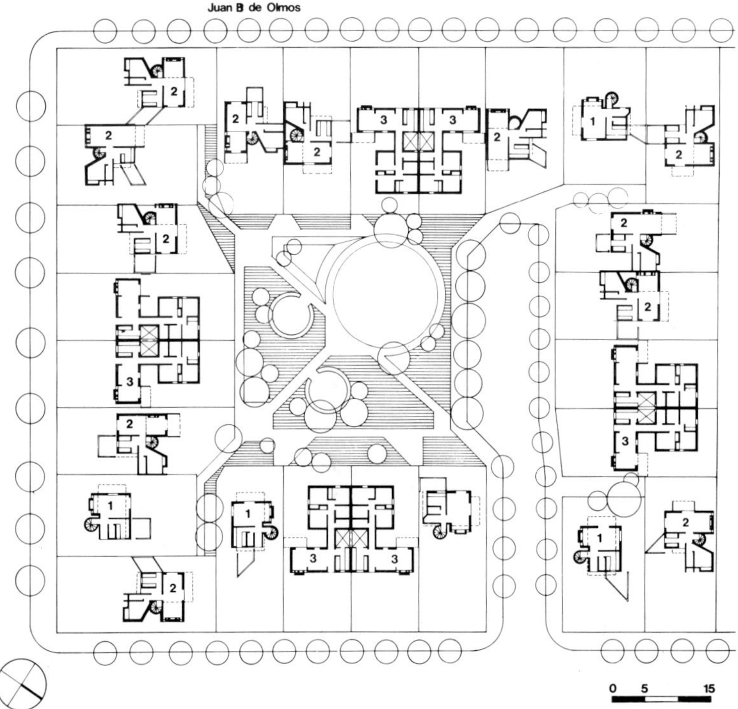

Site plan/Planta baja de conjunto

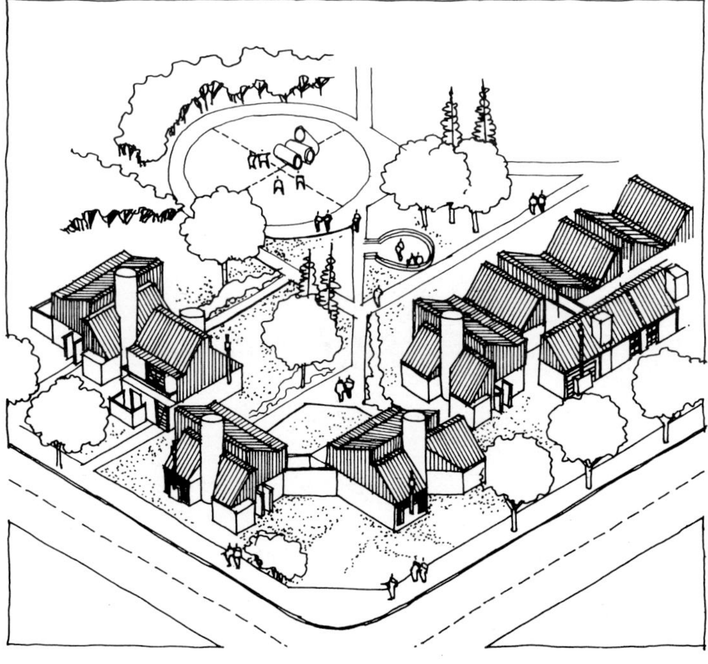

Aerial view/Vista aérea

Senillosa Complex/
Conjunto Senillosa
Senillosa, Neuquén 1978

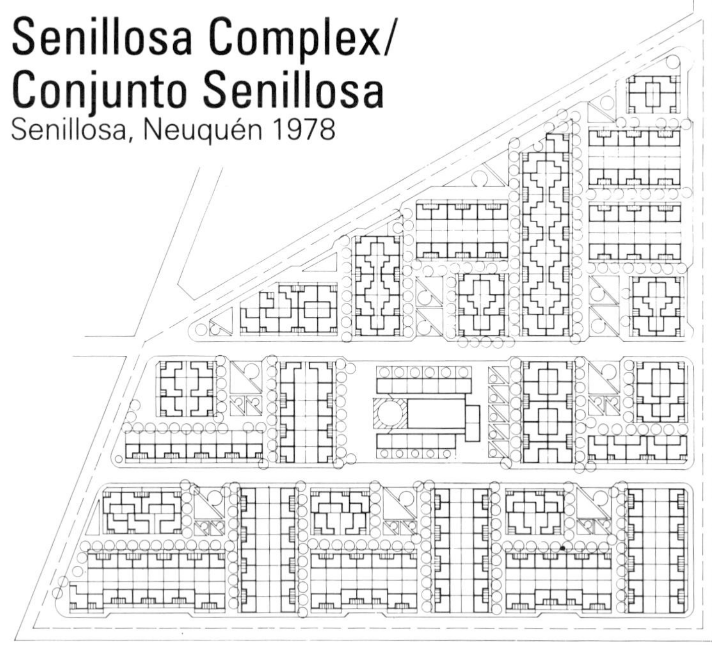

Site plan/Planimetría

Aerial perspective/Vista aérea

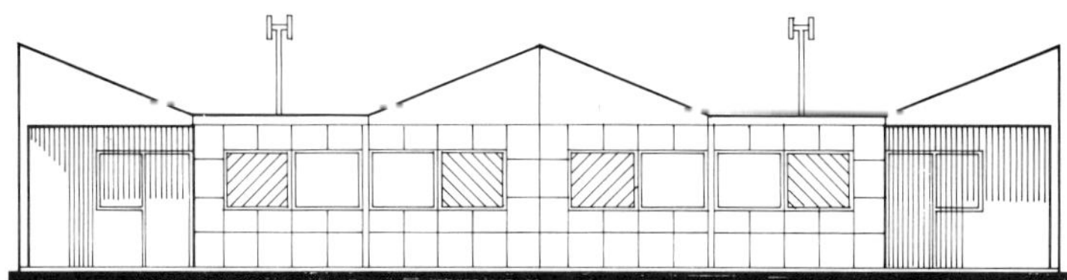

Elevations/Vistas

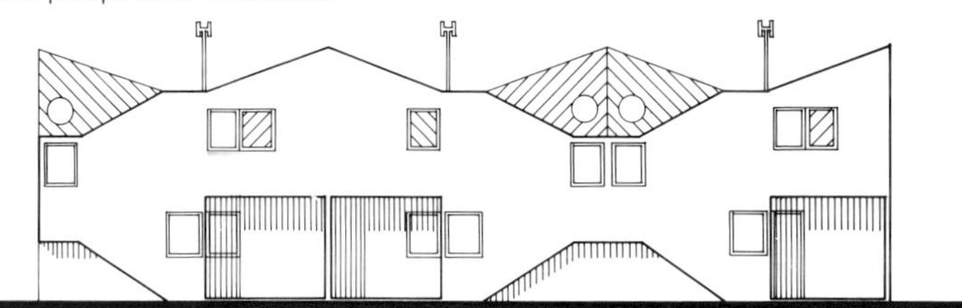

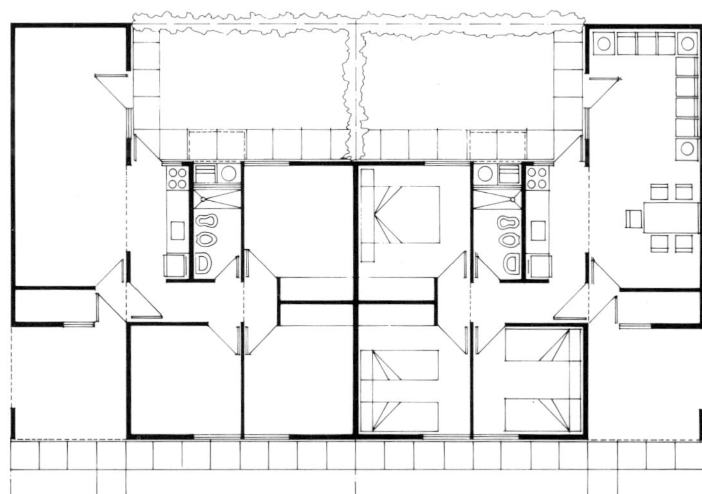

Plans of prototypical units/Planta de undidades prototípicas

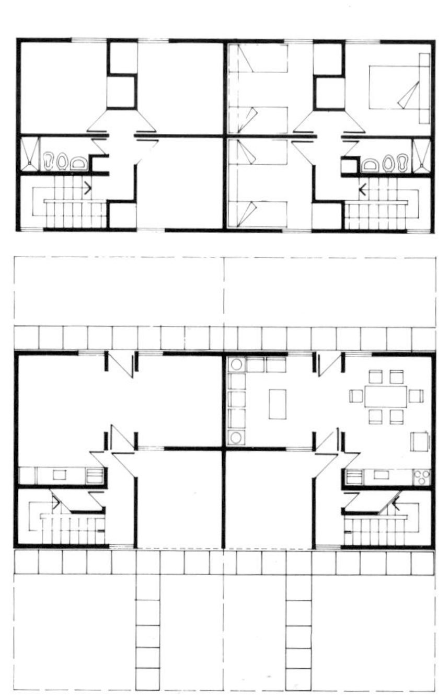

'Argentino' Housing Complex/Conjunto Habitacional 'Argentino'
Córdoba 1974

Axonometric view/Vista axonométrica

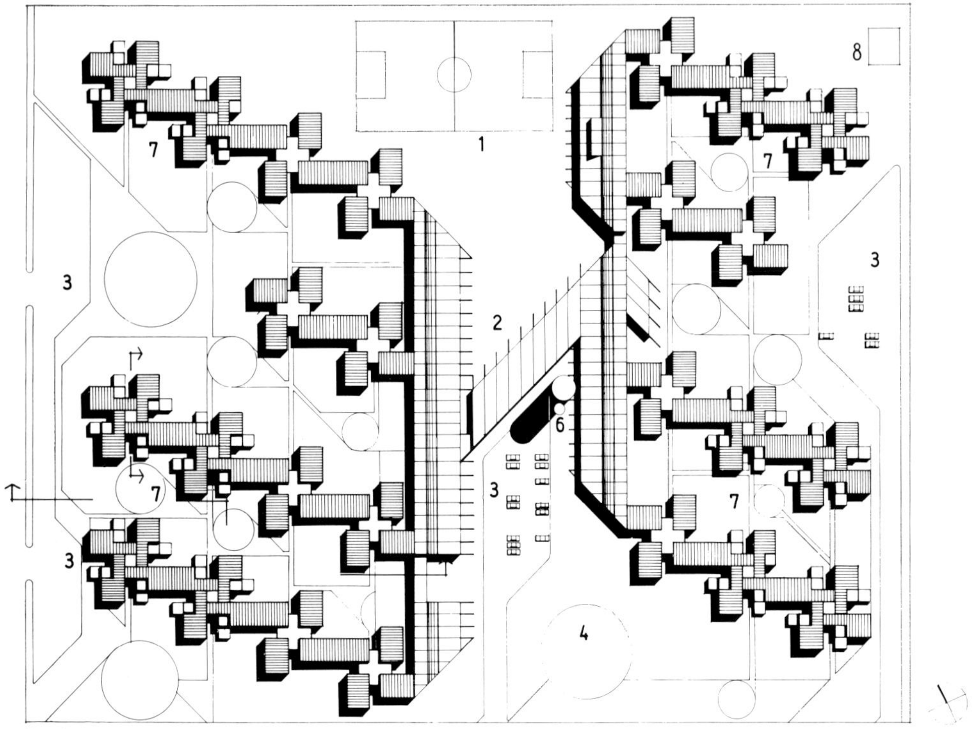

Roof plan/Planta de techos

Ground floor plan/Planta baja

First floor plan/Planta primer piso

Second floor plan/Planta segundo piso

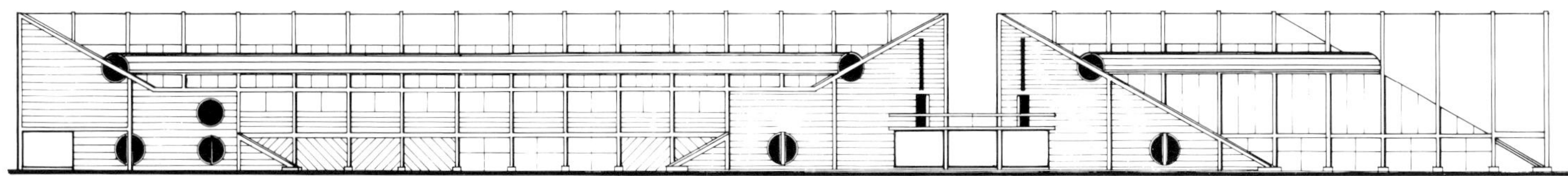

Elevation of school and commercial buildings/Vista de equipamiento escolar y comercial

San Pedrito Housing Complex/Conjunto Habitacional San Pedrito

Jujuy 1974 (Project/Proyecto)

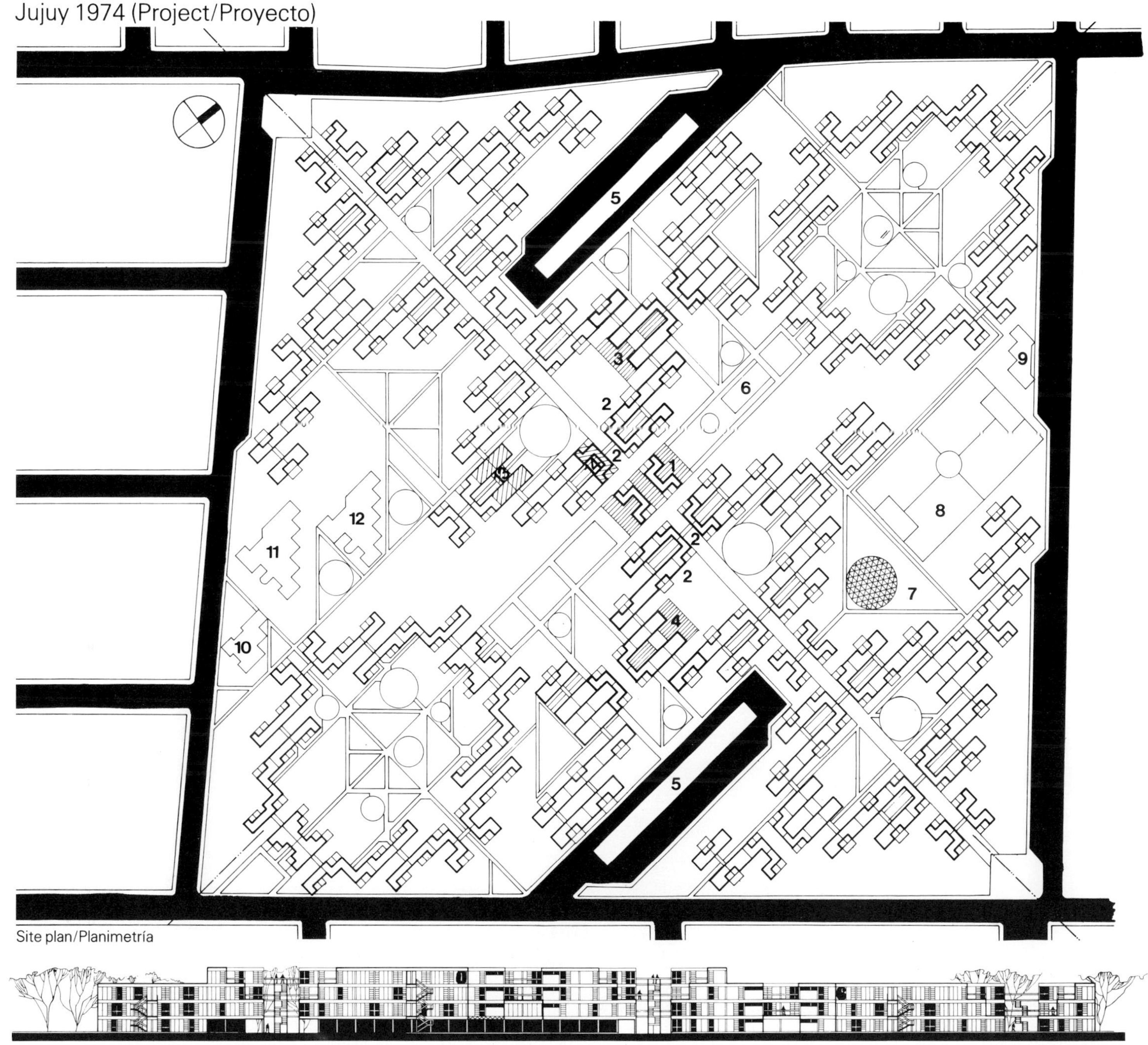

Site plan/Planimetría

Elevation of the central spine/Vista de la espina central

0 5 10 20

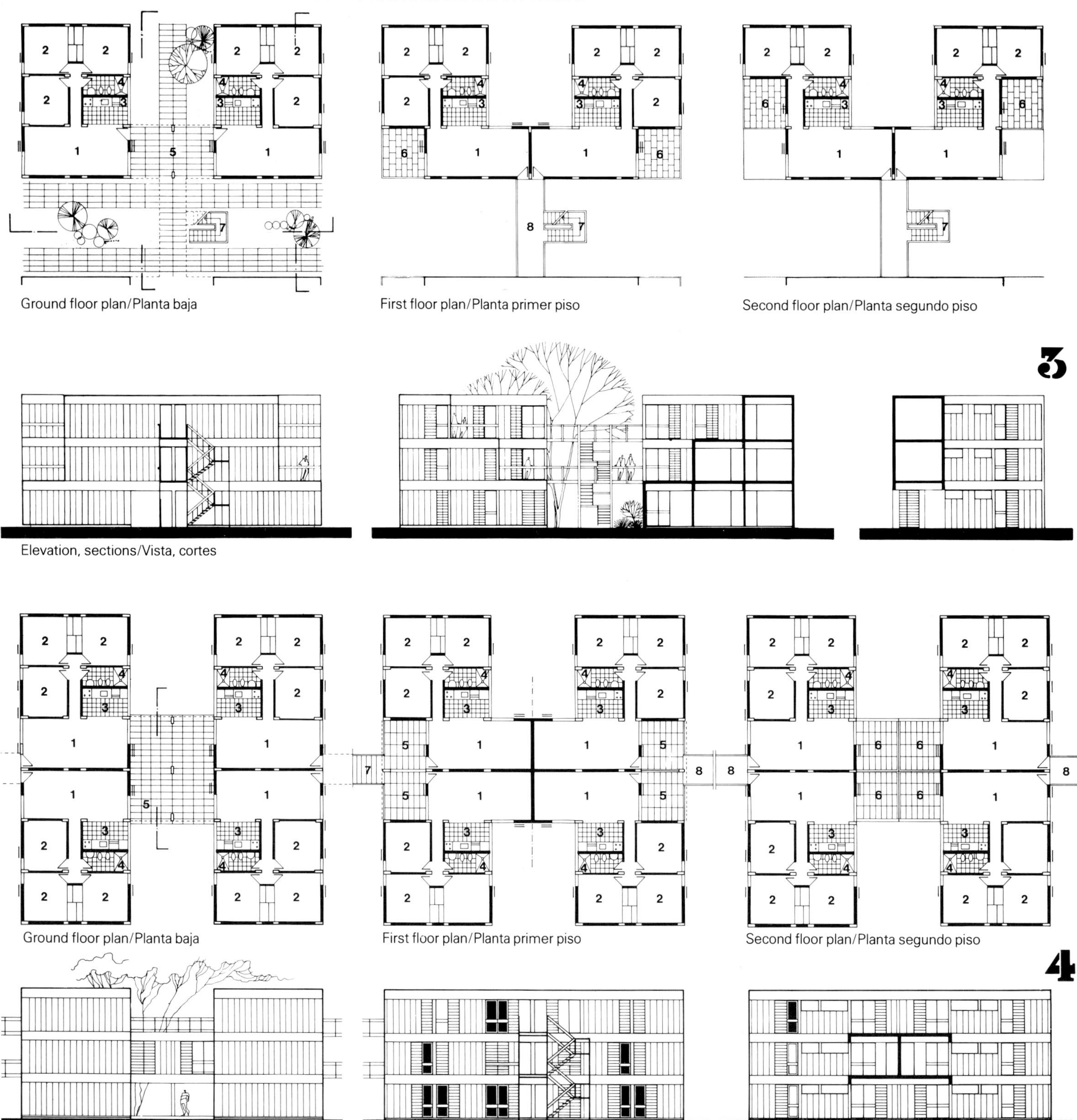

SAN PEDRITO HOUSING COMPLEX/CONJUNTO HABITACIONAL SAN PEDRITO
Ground floor plan/Planta baja
First floor plan/Planta primer piso
Second floor plan/Planta segundo piso
Elevation, sections/Vista, cortes
3
Ground floor plan/Planta baja
First floor plan/Planta primer piso
Second floor plan/Planta segundo piso
Elevation, sections/Vista, cortes
4

PUBLIC BUILDINGS AS LARGE SOCIAL NODES, THE PLACES OF THE COMMUNITY

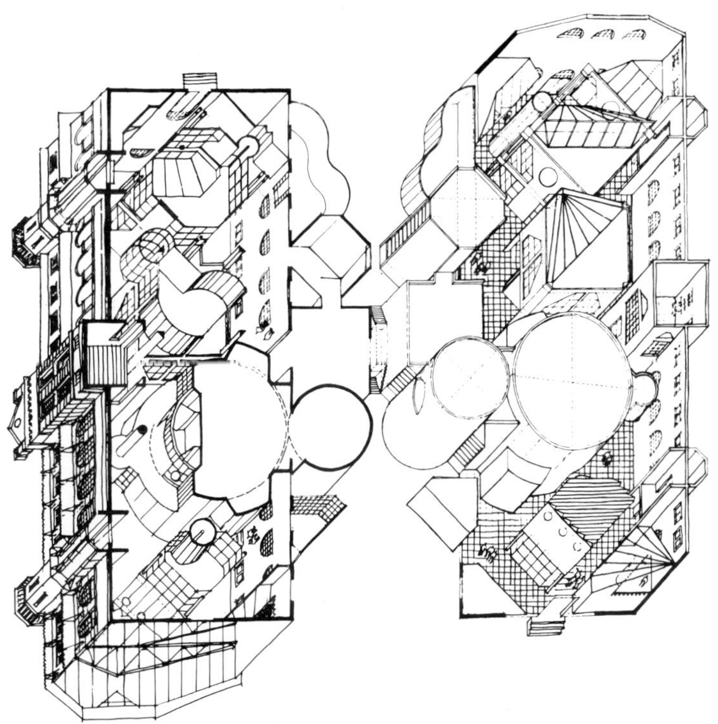

LOS EDIFICIOS PUBLICOS COMO GRANDES NODOS SOCIALES, LOS LUGARES DE LA COMUNIDAD

CAPITULO 7

PUBLIC BUILDINGS AS LARGE SOCIAL NODES, THE PLACES OF THE COMMUNITY

Due to their multiple and diverse functions, public buildings have the necessary typological complexity to become monuments.

If we exploit their multifunctional concentration and, in analytical decompositions and recompositions of the articulative reasoning we work upon their tendency towards unity, we can achieve the configuration of complex elements of the city.

REFUNCTIONALIZATION OF MARKETS: REPUBLICA DE SAN VICENTE AND PUEBLO GENERAL PAZ

Framed within the cultural policies of the city interpreted as an association of neighbourhoods, of a decentralized and multipolar municipality, of a rich social life, of the recovery of the inhabitants' identification with their urban surroundings, it is necessary to take action to refunctionalize the present neighbourhood markets which, although they have lost their original purpose because of new commercial modalities, are still loaded with significant value as urban landmarks and are thus capable of accommodating central community activities.

The programme resulting from these objectives defines a multifunctional complex of administrative, social, cultural, recreational, and commercial activities.

Hence, in the market of the República de San Vicente, a succession of juxtaposed and articulated pavilions with diverse formal characteristics in accordance with their functions, structure an internal-external urban landscape.

This gives rise to an external complex inside the existing, restored envelope. The latter is decorated internally with trompe-l'oeil allegorical frescoes which allude to the hall of Sforza Castle painted by Leonardo, with trees and climbing plants on the perimeter walls and a light blue ceiling with clouds recreating an outdoor atmosphere on the interior. The shops, the neighbour-

LOS EDIFICIOS PUBLICOS COMO GRANDES NODOS SOCIALES, LOS LUGARES DE LA COMUNIDAD

Los edificios públicos por sus funciones múltiples y diversas proponen la complejidad tipológica suficiente para constituírse en monumentos.

Si se explota ·la concentración multifuncional, y en descomposiciones analíticas y recomposiciones del discurso articulativo se trabaja sobre su tendencia a la unidad, se puede lograr la configuración de elementos complejos de la ciudad.

REFUNCIONALIZACION DE MERCADOS: REPUBLICA DE SAN VICENTE Y PUEBLO GENERAL PAZ

Enmarcado en las políticas culturales de la ciudad interpretada como asociación de barrios, de un municipio descentralizado y multipolar; de una vida social rica, de recuperación de la identificación de los habitantes con su artefacto urbano, se inscribe la acción de refuncionalización de los actuales mercados barriales, que habiendo perdido su función inicial debido a las nuevas modalidades de comercialización, siguen cargados de valor significativo como hitos urbanos, y por ello capaces de alojar actividades comunitarias centrales.

El programa surgido de aquellos objetivos se define en un complejo polifuncional de actividades administrativas, sociales, culturales, recreativas, comerciales.

Así, en el mercado de la República de San Vicente, una sucesión de pabellones yuxtapuestos y articulados, de características formales diversas, acordes con sus funciones, estructuran un paisaje urbano interior exterior.

Generando un complejo exterior dentro del envolvente existente restaurado. Este envolvente está internamente tratado pictóricamente de una manera ilusionista y alegórica que alude, reminiscente, a la sala del Castillo Sforza pintada por Leonardo, con una arboleda y enredaderas en los muros perimetrales y un techo celeste con nubes que recrean la atmósfera de un exterior

"

hood community centre, the youth centre, the administrative areas, the restaurant-snack bar joined to the library and microcinema or auditorium transform this into a richly attractive whole, the centre of community actions and social interactions.

The square facing San Vicente market has a new pavement that celebrates the building by reflecting the facade of the market upon the enormous structuring axis of the neighbourhood, with white marble on black slate slabs similar to the treatment at Plaza de Armas, or Plaza Mayor in front of the Municipal Council building and the Cathedral—an attempt to match both areas hierarchically since this square is to the neighbourhood what they are to the city.

The General Paz market, based upon the same objectives, establishes a design strategy and provides a completely different solution.

Located on a corner in the core of the old neighbourhood of San Vicente, it is considerably smaller but has great historical, architectural, artistic and technical value. The structure and cladding of the central rectangular pavilion are of metal and glass with a highly decorative treatment, and it is surrounded on its four corners by masonry service pavilions which frame and set off the central body by their contrast. There is a clear need to improve the present building, refurbishing it without introducing elements which might affect the reading of the beautiful inner space.

Multifunctional uses are accorded to this space—lecture hall, theatre-cinema, exhibition hall, parties hall, neighbours' meeting place and so on—to provide cultural and social neighbourhood activities, like San Vicente, at city scale.

The site of the existing building leaves a strip of ten metres on both rear sides of the partition walls which suggest a building in sheets, 'L' shaped and embracing the main hall, with a special relationship to it. Thus the facade of the new building is clad with panes of mirrored glass which reflect the hidden rear face of the historical market. It can therefore be said that the facade of the new building is that of the old one.

Its identity, inside the celebrating mimesis, is attained through the free and autonomous face of the new complex.

Housed within are the neighbourhood community centre, restaurant, snack bar, administrative centre and library.

dentro de un interior. Los comercios, sede del centro vecinal, centro juvenil, las áreas administrativas, el bar restaurant unido a la biblioteca y microcine o auditorio, transforman al conjunto en un todo de fuerte atracción, generador de acciones comunitarias e interacciones sociales.

La plaza frente al mercado San Vicente recibe un tratamiento celebrativo del edificio, con un tratamiento de pavimento que refleja la fachada del mercado sobre el eje monumental estructurante del barrio, con mármol blanco sobre lajas de pizarra negra, aludiendo al tratamiento de la plaza de armas, o plaza mayor frente al Cabildo y Catedral, que pretende equiparar en jerarquía ambos ámbitos, porque lo que es aquella a la ciudad, es éste al Barrio.

El mercado de General Paz, basado en los mismos objetivos, establece una estrategia de diseño, una solución totalmente diferente.

Ubicado en una esquina del corazón de este barrio, tan antiguo como el de San Vicente, es de dimensiones considerablemente más reducidas, pero de un valor arquitectónico, histórico, artístico y técnico muy elevado. Se trata de un pabellón rectangular central construído con una estructura y envolvente metálica y de vidrio, con un tratamiento decorativo de gran riqueza, rodeado en sus cuatro esquinas por pabellones de servicio en mampostería que enmarcan y valorizan con su contraste el cuerpo central. Aquí surge una acción clara de puesta en valor del edificio existente, restaurándolo, y sin introducir elementos que afecten la lectura del hermoso espacio interior.

A este recinto se la adjudican funciones multifuncionales: sala de conferencias, representaciones teatrales, cine, salón de exposiciones, sala de fiestas, de reuniones vecinales, etc. para un quehacer cultural y social barrial e incluso como el de San Vicente, a escala ciudad. En su implantación en el sitio, el edificio existente deja una faja de 10 mts. en ambos costados posteriores, con relación a las medianeras, lo que sugirió un edificio laminar en ele que abrazara al salón principal, y que entrara en una particular relación con éste. Así, la fachada del nuevo edificio se resuelve con cristales espejantes que reflejan el rostro oculto y posterior del mercado histórico. Así, se puede decir que la fachada del nuevo edificio es la del viejo.

Su identidad, dentro de la mímesis celebrativa, se logra por la forma libre y autónoma del rostro del nuevo complejo.

Internamente aloja centro vecinal, restaurante, bar, centro administrativo, biblioteca.

PASEO DE LAS ARTES CULTURAL CENTRE

An historical sector of the city, made up of economic houses built at the beginning of the century, is being transformed into a cultural centre by the Municipality of Córdoba. Construction began at what was known as Pueblo Nuevo next to La Cañada, which was later renamed Pasaje Revol, intended for the very poor. As time went by, the area developed into small slums divided into twenty-six lodgings. Due to the poor condition of the houses in recent years it was decided to demolish them. Once the demolition had begun and was half-way to completion, it was decided to save many of the houses and rebuild them according to their original structure, in order that they could be useful to the community and at the same time preserve an invaluable aspect of old Córdoba.

With this idea in mind it was decided to transform the section comprising the block surrounded by Calle Belgrano, La Cañada and Pasaje Revol into a centre for cultural activities. The programme which is being carried out comprises, besides the above-mentioned reconstructions, a group of plazas (which retain existing mature trees), radial pedestrian areas, an inner yard (similar to a gallery), a lecture and concert hall, a snack bar, a hall for musical and artistic gatherings, a fountain and some other ornamental projects such as false facades, to recompose the image of the block.

The refurbished houses will be allocated to non profit-making artistic associations, with the idea that the students who obtain their degrees with the highest grades at the different schools of art in Córdoba will be the largest group working there. They will be able to have a studio free of charge for one year, until they obtain their own on the understanding that their contribution in return is to provide both access to their studios, and to exhibit their work in the squares of the complex once a week.

CENTRO CULTURAL PASEO DE LAS ARTES

Un antiguo sector de la ciudad, compuesto por viejas casas que se construyeron a principios del siglo, formando un barrio de viviendas económicas, está siendo transformado en centro cultural por la Municipalidad de Córdoba. Las construcciones se levantaron oportunamente en el denominado Pueblo Nuevo, junto a La Cañada, y lo que fue luego el Pasaje Revol, por la municipalidad y con destino a gente de pocos recursos. Con el tiempo, el lugar se convirtió en pequeños conventillos repartidos en 26 viviendas. En los últimos años, debido al estado de las construcciones, se dispuso su demolición. Cuando la misma había comenzadoy con la decisión implementada en un 50%, se resolvió salvar gran parte de las casas y reconstruírlas de acuerdo a su primitiva estructura, a los fines de darle una utilidad comunitaria que a la vez, posibilitara salvar un valioso aspecto de la Córdoba de antaño.

Con ese sentido se resolvió convertir el sector que comprende una manzana ubicada entre las calles Belgrano, La Cañada y Pasaje Revol, en un centro de actividades culturales. El programa en marcha, comprende, a la par de las reconstrucciones mencionadas, un conjunto de plazas secas que se realizan manteniendo la rica y añosa vegetación existente, peatonales radiales, un patio interior (a modo de galería), una sala para conferencias y conciertos, un bar, sede de asociaciones artísticas musicales, etc., una fuente hidríca y otras obras ornamentales. Tales como falsas fachadas que sirven para recomponer la imagen de la manzana.

Las casas reparadas se destinarán a sedes de asociaciones artísticas sin fines de lucro, estimándose que también tendrán ubicación allí mayoritariamente los egresados de mejores promedios de las distintas escuelas de arte de Córdoba, que podrán tener en este lugar su atelier gratuitamente por un año, hasta su instalación por cuenta propia. Con la contraprestación de tornar sus estudios accesibles una vez por semana y exhibir en las plazas del conjunto otra vez por semana.

BUENOS AIRES BRANCH OF THE BANCO DE LA PROVINCIA DE CORDOBA

Scala Regia

A glass membrane with localized points of support in its multivalent, ambiguous, metaphoric mirroring unity. It refers to the sky, to light, to itself. A facade reflecting external spatiality: the street, its countenance enhanced by the quotation; a facade disclosing the inside unity in its extraordinary gesture; an autonomous graphic sign which seeks its own legitimacy and meaning.

The organization of the spatial staves in rotund stepped trays arises from the principle of generating an urban microcosm of linked sequential situations, contained in the abrupt, upright circulatory towers which speculate on the convergent association of height, verticality and light. Piranesi's special interpenetrations, simultaneities, diaphanous qualities and contrasts produced by the reconciliation of apparent opposites, light and shadow, and transferred to an office typology. The Johnson's Wax building proposed the possibility of perceiving an institution without fractures, in which one is forced to see a world necessarily fractured in levels as a unity, which celebrates the 'pathos' of a diffuse mass of air, emblematically described in its triangularity.

The cinematic perception of space is erratic and casual, wholly living its movement; it must be matched with that other space which is beyond or beside it and which we will call 'contraspace', in which intuition, imagination and fancy actively heighten and improve the perceivable images. Every object has a specific and poetic goal, and if our participation is complete, what is poetic will be respected, will be achieved. Air is infinite, without dimensions; if we do not define spaces, but rather capture air, the dynamic and intimate sublimation will be possible.

To man everything is a way, every way 'advises' an ascension and in this ascension there is a hominizing action. Height, ascent, run obliquely up an ethereal staircase: ascent, translated into stepping, is dynamic sublimation in an aerial image, on its way to dematerialized images. To imagine is to summon an absence, to perceive is to grasp what is present. If there is no change of images, there is no imaginary function, and if there is no fancy and no imagination there is no reference to ambiguous reality, and therefore there is no promised or expected richness.

Free, undetermined levels of use, searching for fate and protagonists, flourish within the narrow margins.

SUCURSAL BUENOS AIRES BANCO DE LA PROVINCIA DE CORDOBA

Scala Regia

Una membrana de vidrio con soportes puntuales en su unicidad espejante multivalente, ambigua, metafórica. Alude al cielo, a la luz, a sí misma. Fachada reflejante de espacialidad externa: la calle, lo del frente puesto en valor en la citación; fachada develadora de la unidad interior en su gesto singular; autónomo signo gráfico que busca su propia legitimidad y sentido.

La organización del pentagrama espacial en rotundas bandejas escalonadas parte del principio de generar un microcosmos urbano de situaciones secuenciales eslabonadas, contenidas en el acto abrupto y enhiesto de torres circulatorias que especulan en la asociación refleja de altura, verticalidad y luz. Piranesi y su espacialidad de interpenetraciones, simultaneidades, de diafanidades y contrastes emparentados en lo que produce la conciliación de los opuestos aparentes, sombra y luz, son transferidos a una tipología oficinesca. En Johnson Wax se nos propone la posibilidad de leer la institución sin fracturas, aquí se está obligado a ver como unidad un mundo necesariamente fracturado en niveles que celebra el 'pathos' de una masa de aire difusa, descripta emblemáticamente en su triangularidad.

Al espacio, cuya percepción cinemática se hace en forma errática, casual, viviendo totalmente el movimiento del mismo, a ese espacio hay que corresponderlo con ese otro que está más allá o al lado y que llamaremos contraespacio, en los que la intuición, imaginación, ensoñación, subliman activamente, perfeccionan las imágenes perceptibles. Todo objeto tiene una finalidad específica y otra poética, y según que nuestra participación sea total, lo poético se respetará, se alcanzará. El aire es infinito, carente de dimensiones; si no definimos espacios, sino que capturamos aire, será posible la sublimación dinámica e íntima.

Para el hombre todo es camino, todo camino 'aconseja' una ascensión, y en la ascensión hay una acción hominizante. Altura, elevación, recorrida diagonalmente por una escalera etérea, ascensión traducida en escalonamiento es sublimación dinámica en imagen aérea, en camino a imágenes desmaterializadas. Imaginar es convocar una ausencia, percibir es remitir a lo presente. Si no hay cambio de imágenes, no hay función imaginante, y si no hay ensoñación e imaginación, no hay una realidad aludida, ambigua, y por ende riqueza prometida y esperada.

Niveles de uso libres, indeterminados, a la búsqueda de destino

Being an unusual image, it eradicates the paralizing habit of creative imagination. Reality is imaginative power, image, but every dream is reality. Every dream-image is embodied in the first joy of the words 'depth', 'verticality', 'ascension'; air glorified in protagonizing inner skies; inwardly mobilized outsides forced to become inwardly multifunctional insides, forced to become polydirectional insides which transfer us to an ontology of being accomplished in its intimate nondimensionality. There is search for agreement between this being which lacks dimensions and the three-dimensional one proposed.

The integral metal technology, of dry assembly, of perimeter framework, combines requirements of functionality and of production with principles of ideation, of imagination of what is ethereal in the narrow passage left by the building masses.

y protagonista, florecen dentro de bordes estrechos.

En tanto imagen inhabitual, erradica el hábito paralizante de la imaginación creadora. La realidad es potencia de ensoñación, imagen, pero todo sueño es una realidad. Todo sueño-imagen se corporiza en la primera alegría de la palabra 'profundidad', 'verticalidad', 'ascensión'; aire celebrado en cielos interiores protagónicos; en exteriores movilizados internamente, forzados a hacerse dentros multifuncionales, internamente, forzados a hacerse dentros polidireccionales que remiten a una ontología del ser realizado en su adimensionalidad íntima. Hay búsqueda de correspondencia entre este ser carente de dimensiones y el tridimensional propuesto.

La tecnología integral metálica, de montaje en seco, de entramados perimetrales, aproxima requerimientos de funcionalidad y de producción con principios de ideación, imaginación de lo etéreo en el desfiladero dejado por las moles edilicias.

San Vicente Market/
Mercado San Vicente
Córdoba 1980
(Refunctionalization/Refuncionalización)

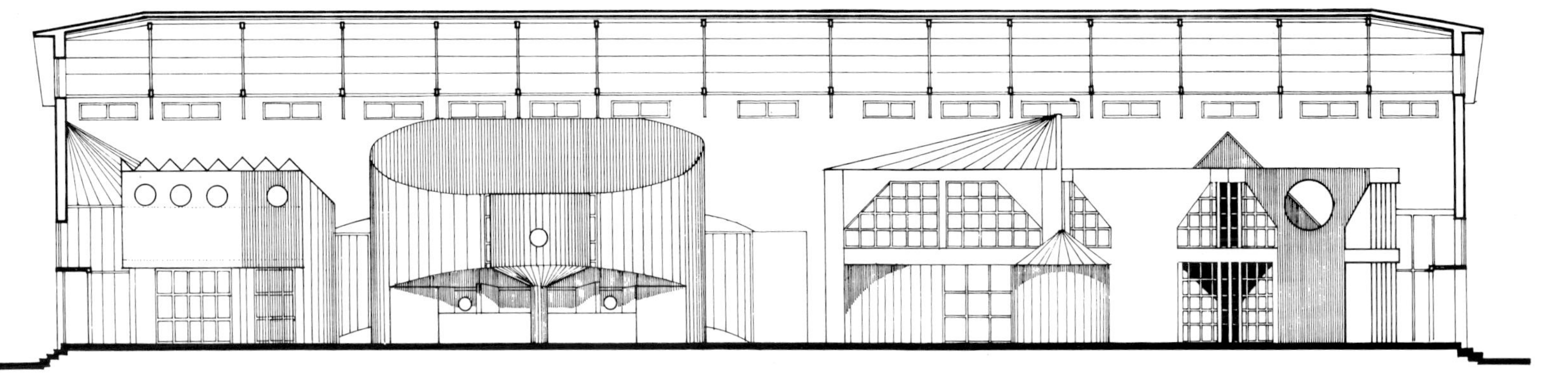

Interior elevation/Vista interia

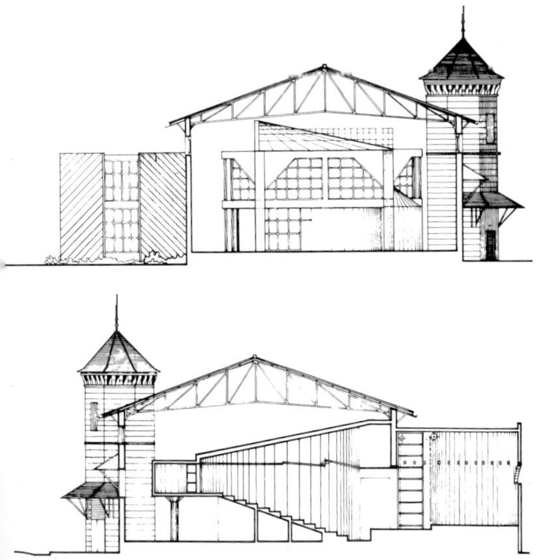

Sections/Cortes

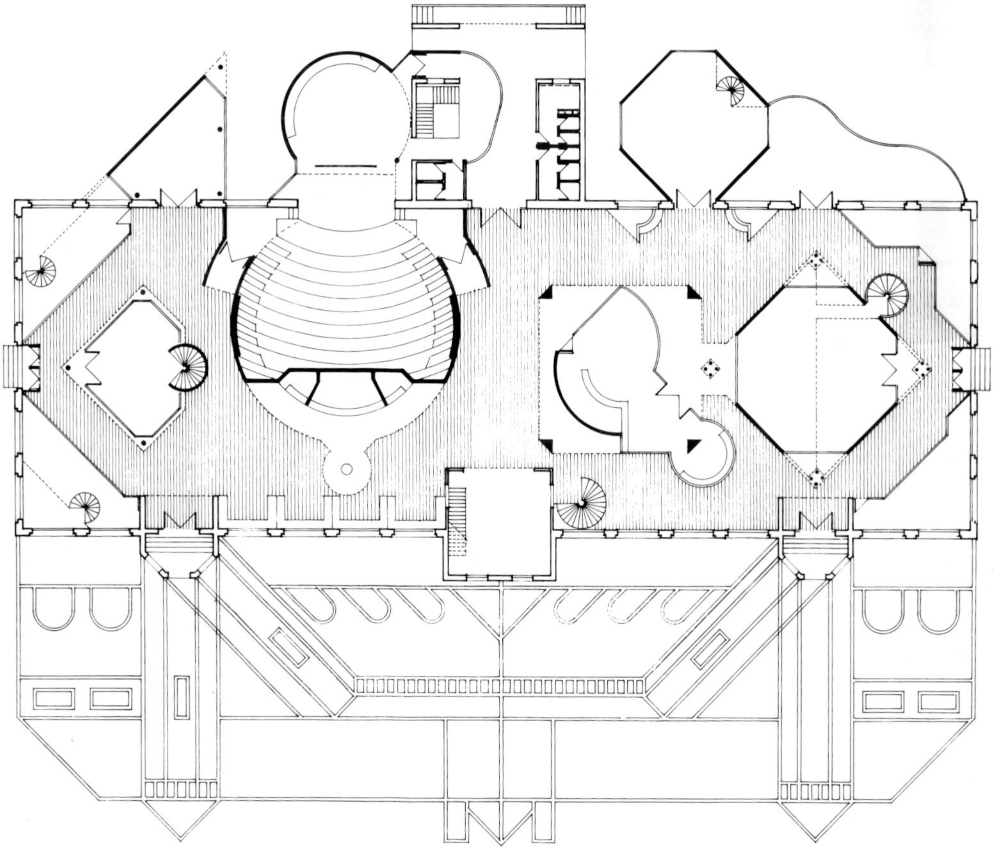

Ground floor plan with projected facade onto the front square/Planta baja con plaza de fachada revatide

General Paz Market/Mercado General Paz

Córdoba 1980
(Refunctionalization/
Refuncionalización)

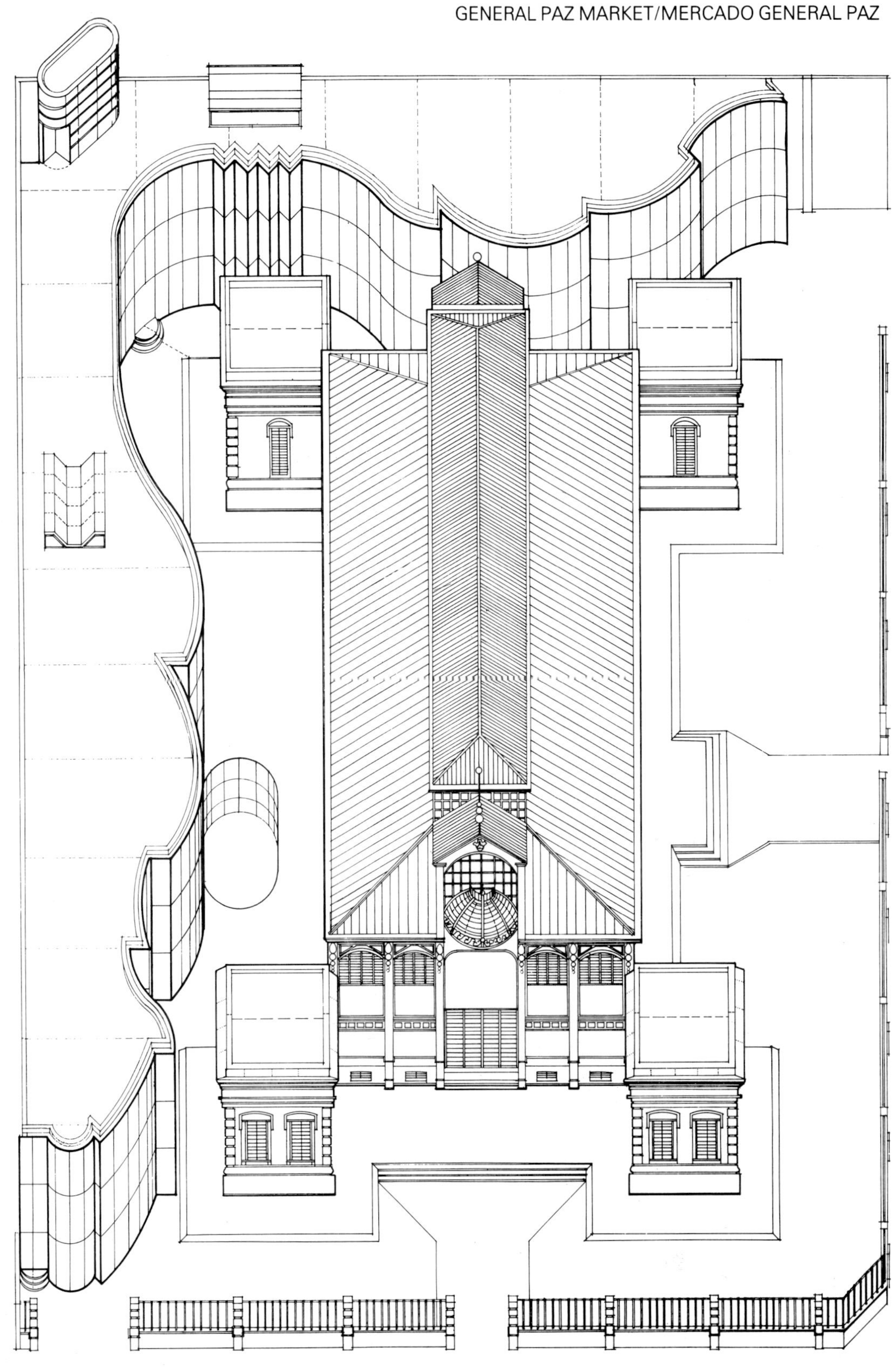

Axonometric/Axonométrica

Perspective/Perspectivo

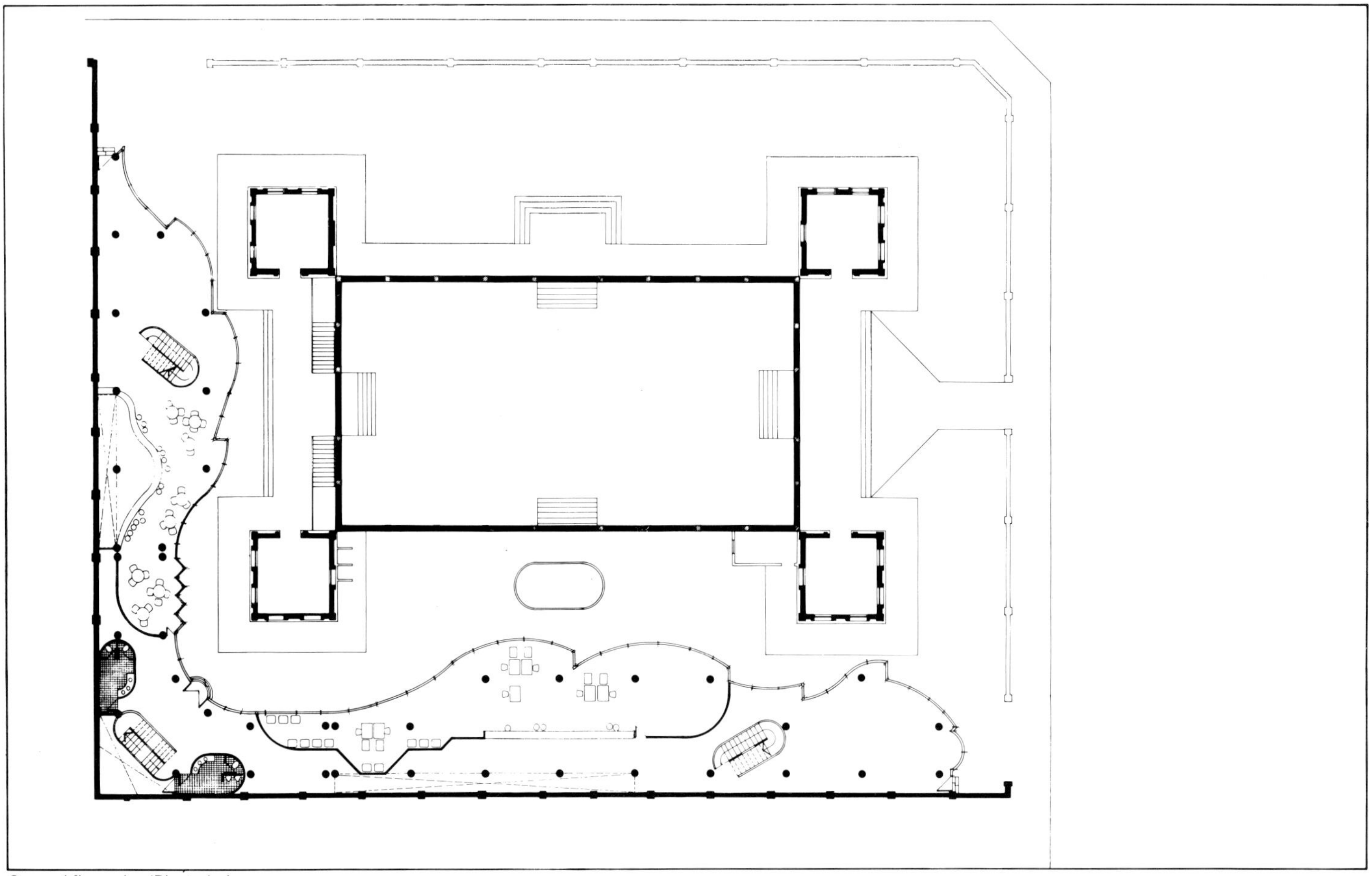

Ground floor plan/Planta baja

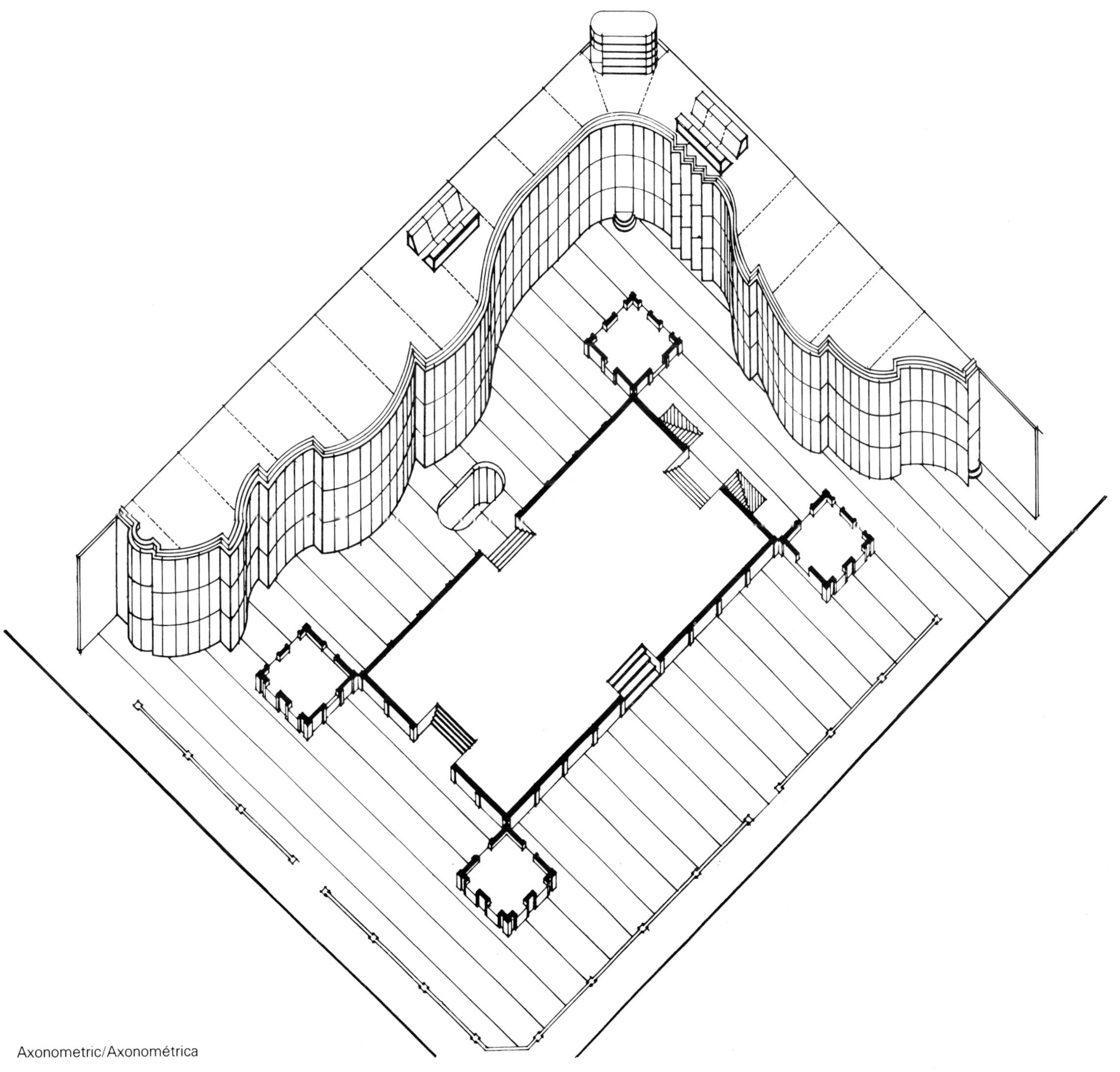

Axonometric/Axonométrica

Paseo de las Artes Cultural Centre/ Centro Cultural Paseo de las Artes (ex Pasaje Revol)

Córdoba 1979–80

Axonometric/Axonométrica

Bank of the Province of Córdoba, Buenos Aires Branch/Banco de la Provincia de Córdoba, Sucursal Buenos Aires
Buenos Aires 1972

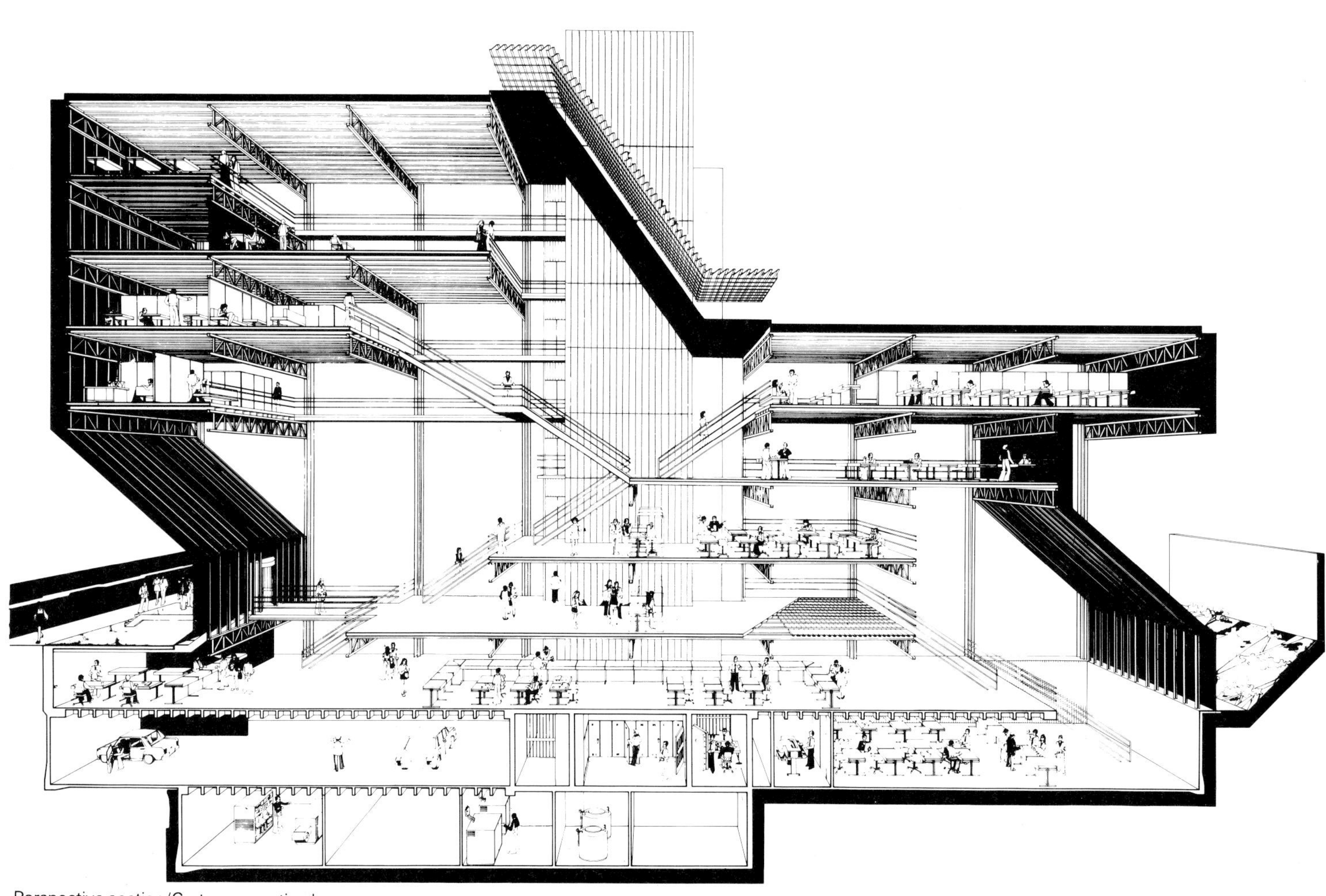

Perspective section/Corte perspectivado

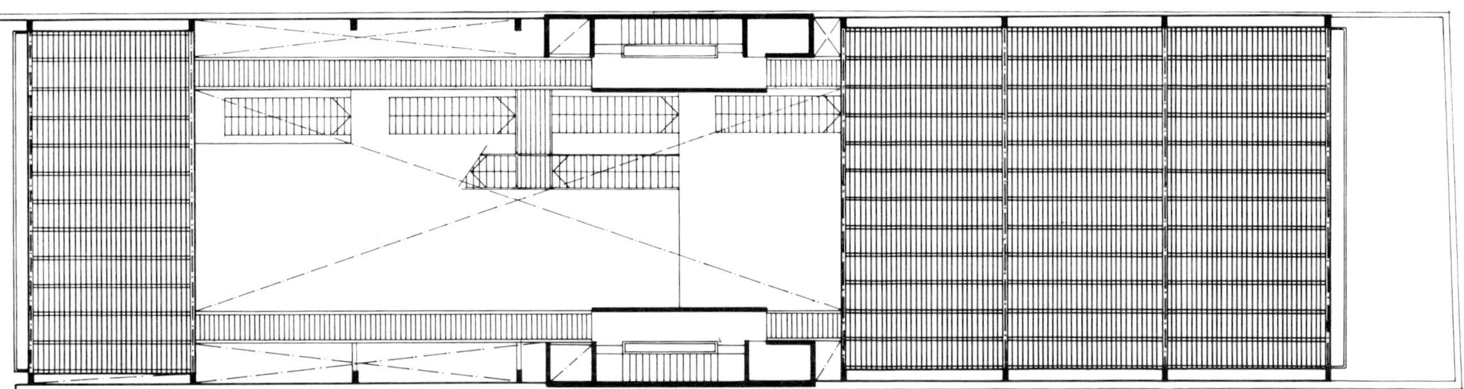

Third floor plan/Planto tercer piso

Bank of the Province of Córdoba, Central Office/Banco de la Provincia de Córdoba, Casa Central

Córdoba 1972 (Project/Proyecto)

Model/Modelo

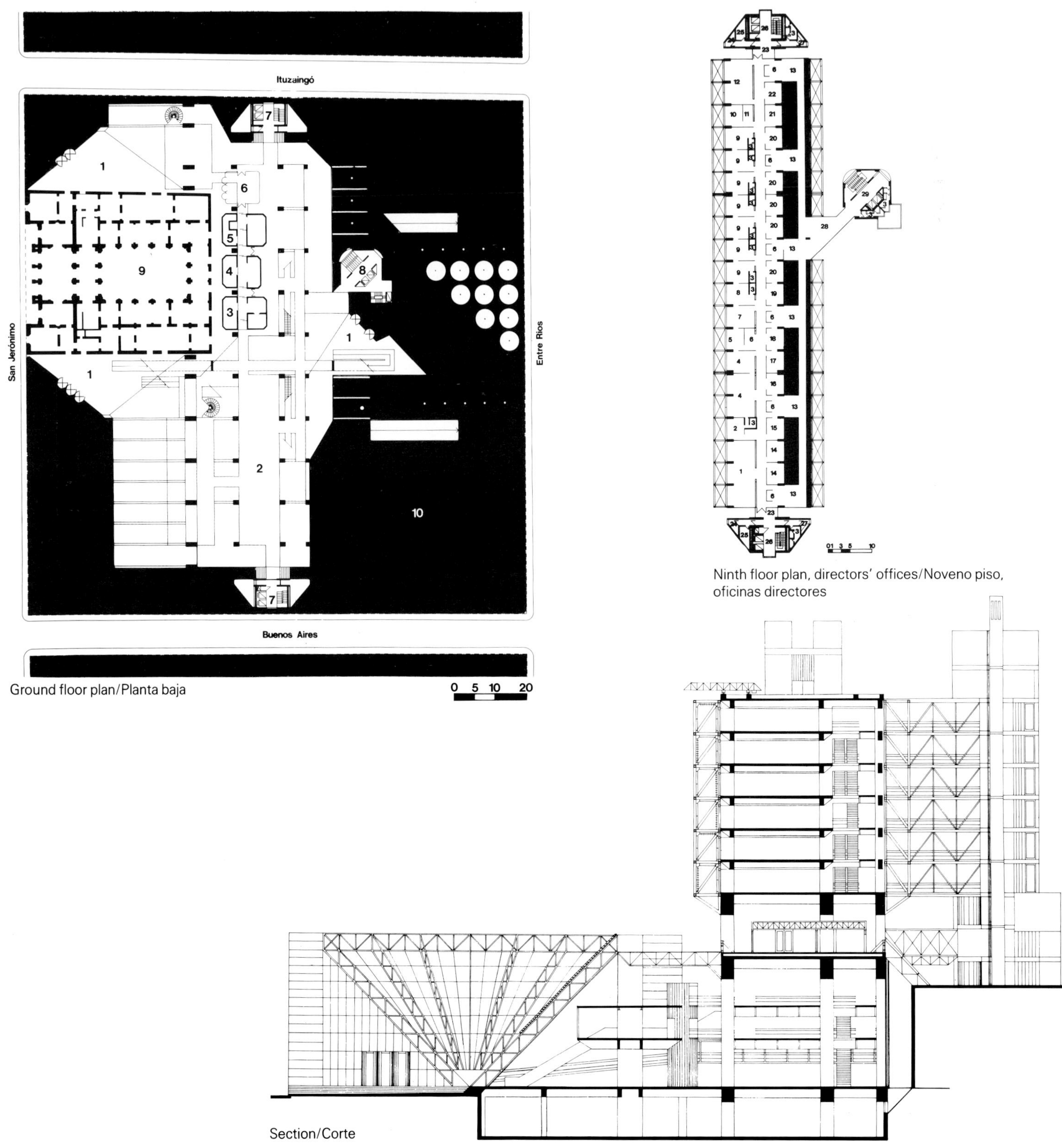

Ground floor plan/Planta baja

0 5 10 20

Ninth floor plan, directors' offices/Noveno piso, oficinas directores

Section/Corte

Front view of the model with the existing
19th-century bank headquarters/Vista frontal con
casa central del banco del siglo XIX

Rear and side view of the model/Vista posterior y lateral del modelo

Bank of the Province of Córdoba, Río Tercero Branch/ Banco de la Provincia de Córdoba, Sucursal Río Tercero

Río Tercero, Provincia de Córdoba
1972

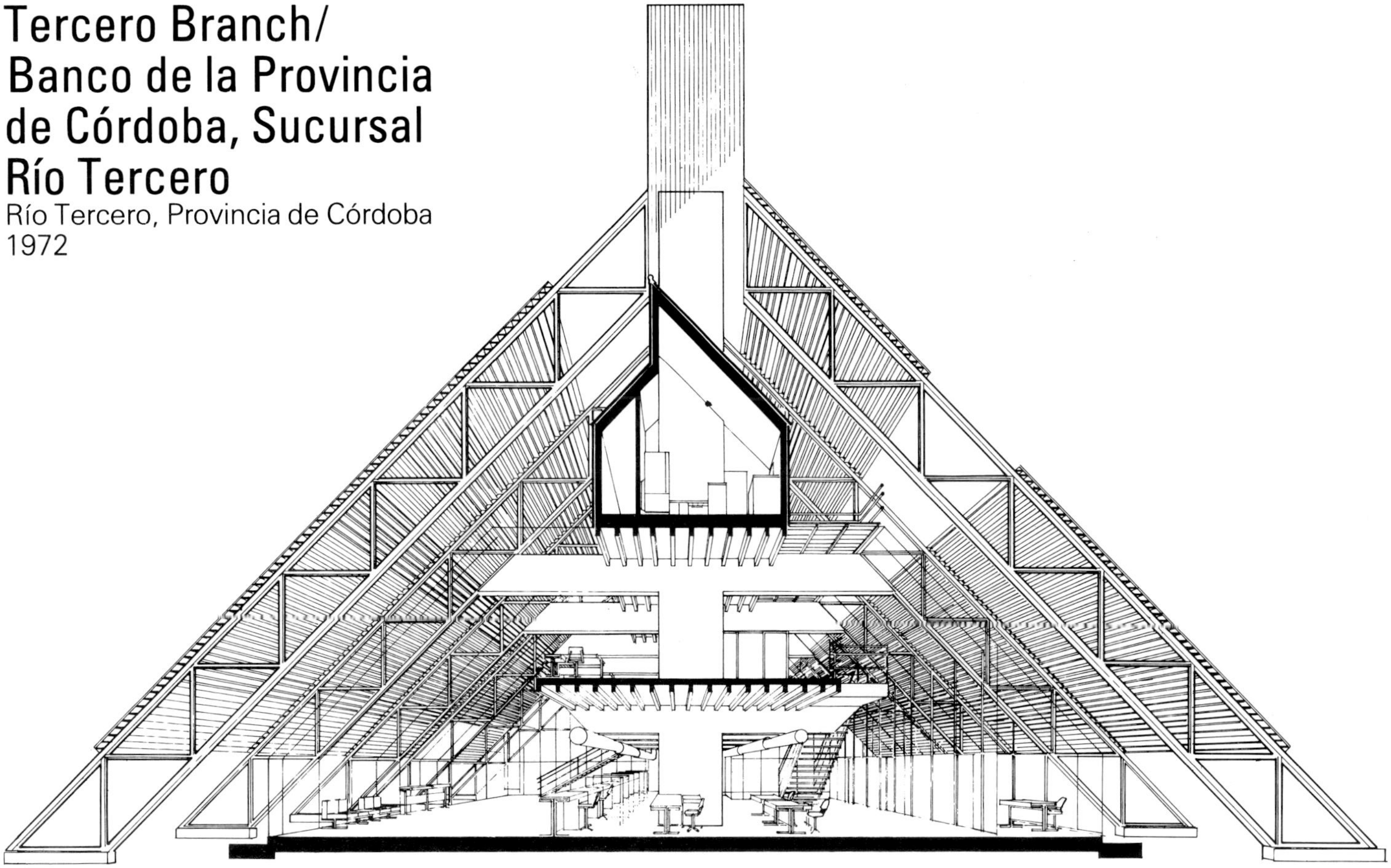

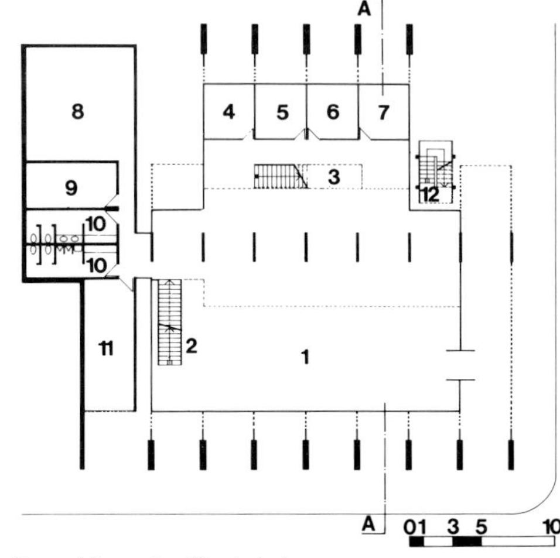

Perspective section/Corte perspectivado

Ground floor plan/Planta baja

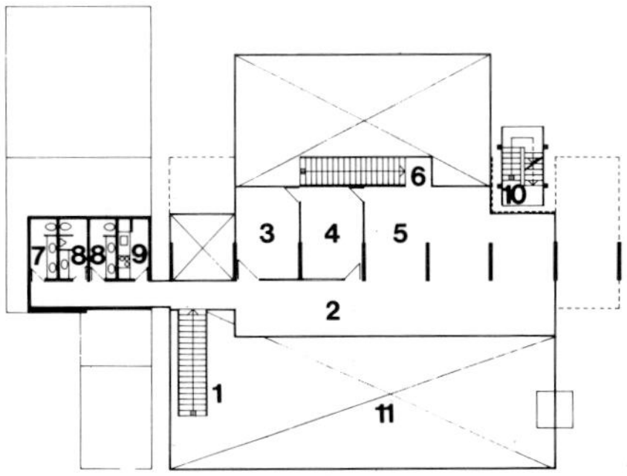

First floor plan/Planta primer piso

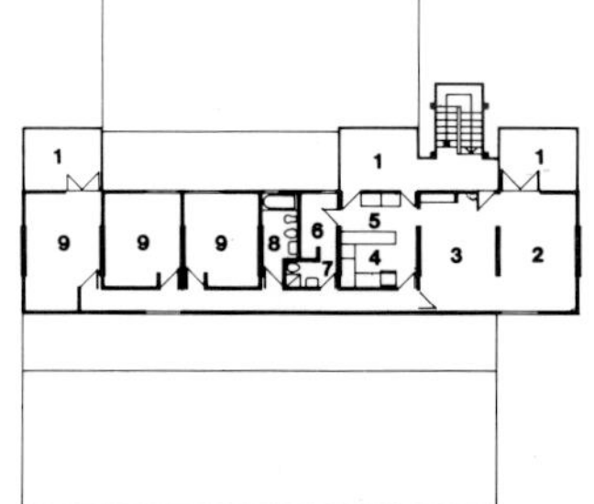

Second floor plan (manager's house)/Planta segundo piso (casa de gerente)

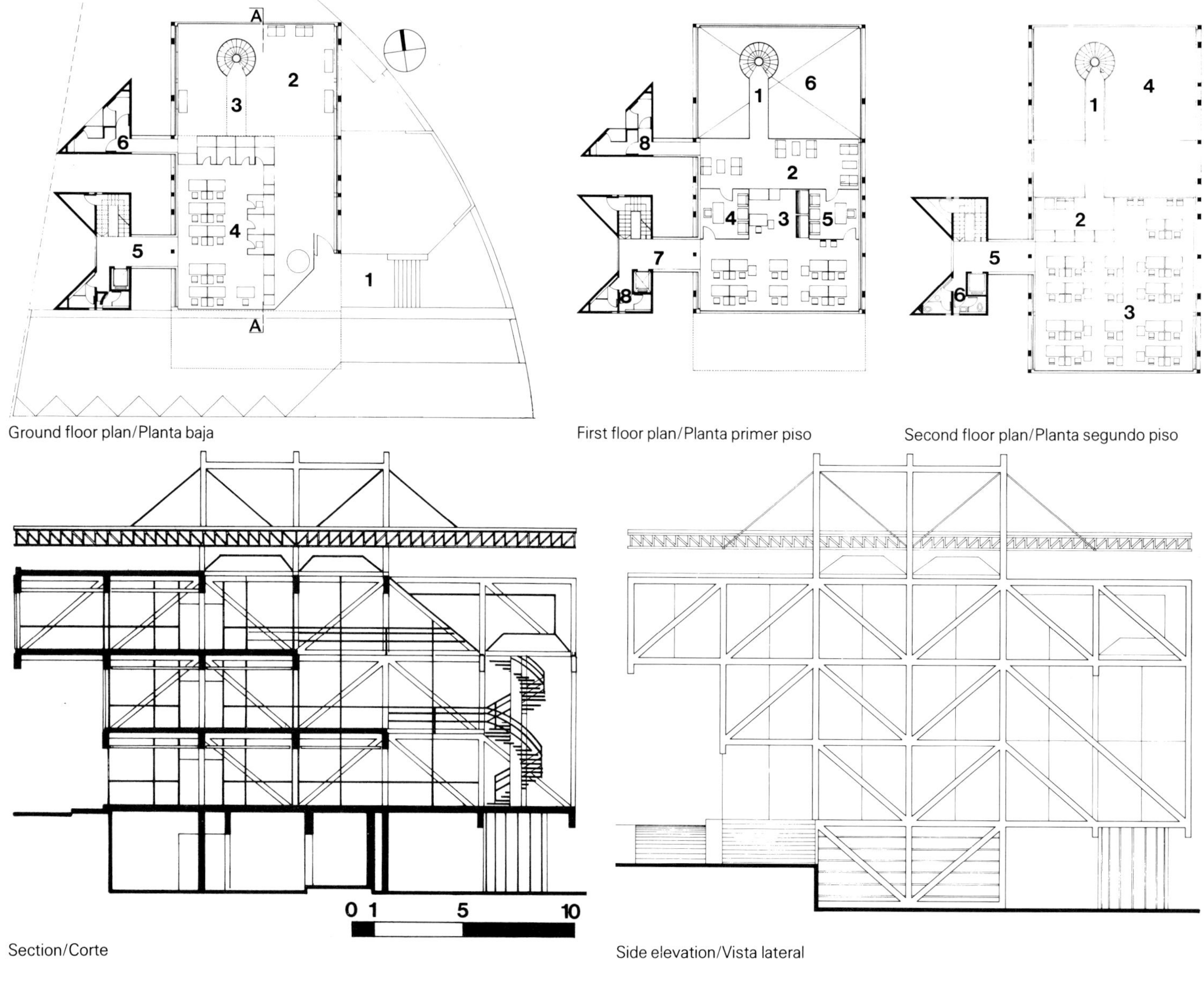

Ground floor plan/Planta baja

First floor plan/Planta primer piso

Second floor plan/Planta segundo piso

Section/Corte

Side elevation/Vista lateral

Bank of the Province of Córdoba, San Martín Branch/Banco de la Provincia de Córdoba, Sucursal San Martín

Córdoba 1972

Model/Modelo

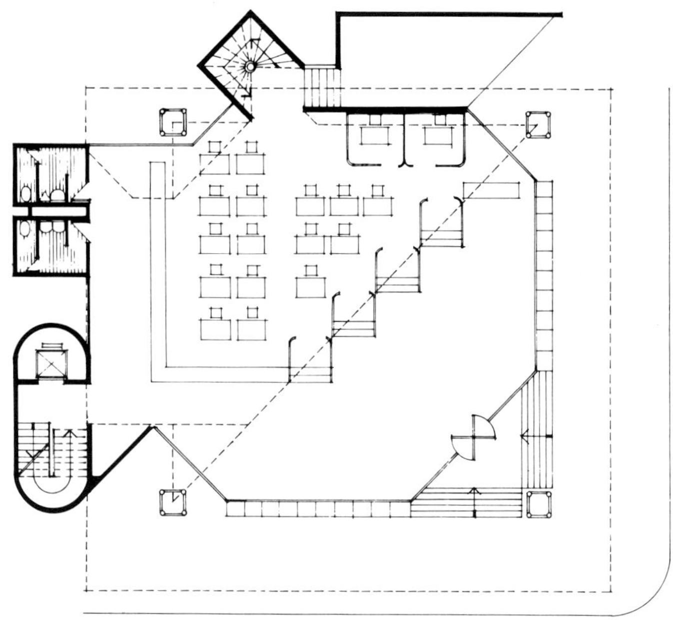

Ground floor plan/Planta baja

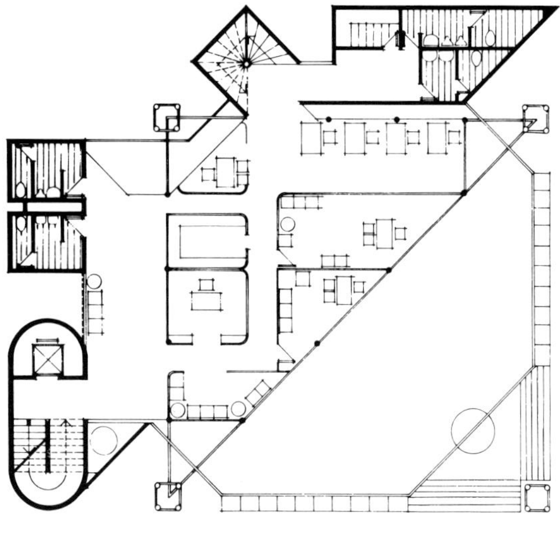

First floor plan/Planta primer piso

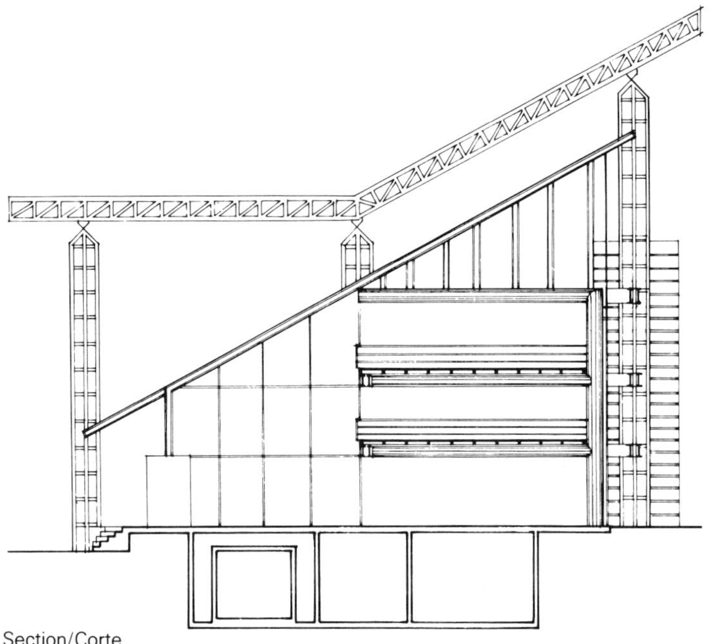

Section/Corte

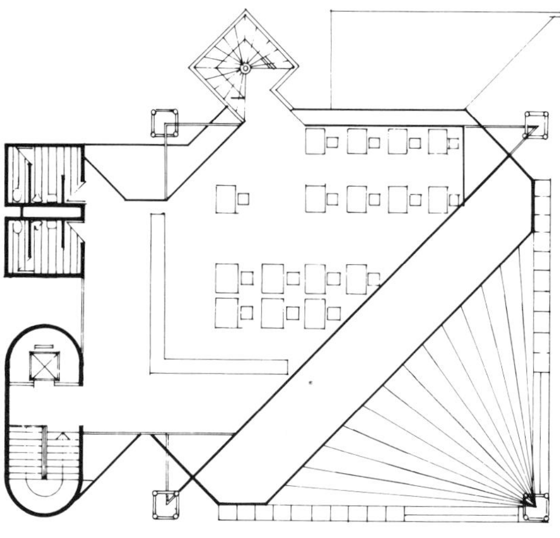

Second floor plan/Planta segundo piso

Emergency Hospital/
Hospital de Urgencia
Córdoba 1980

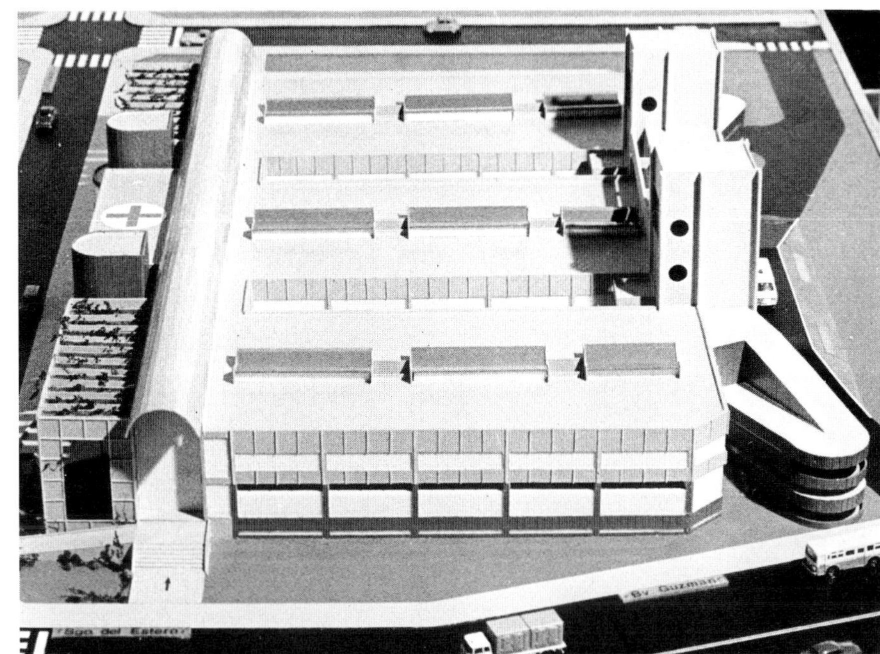

Aerial view of the model/Vista aérea del modelo

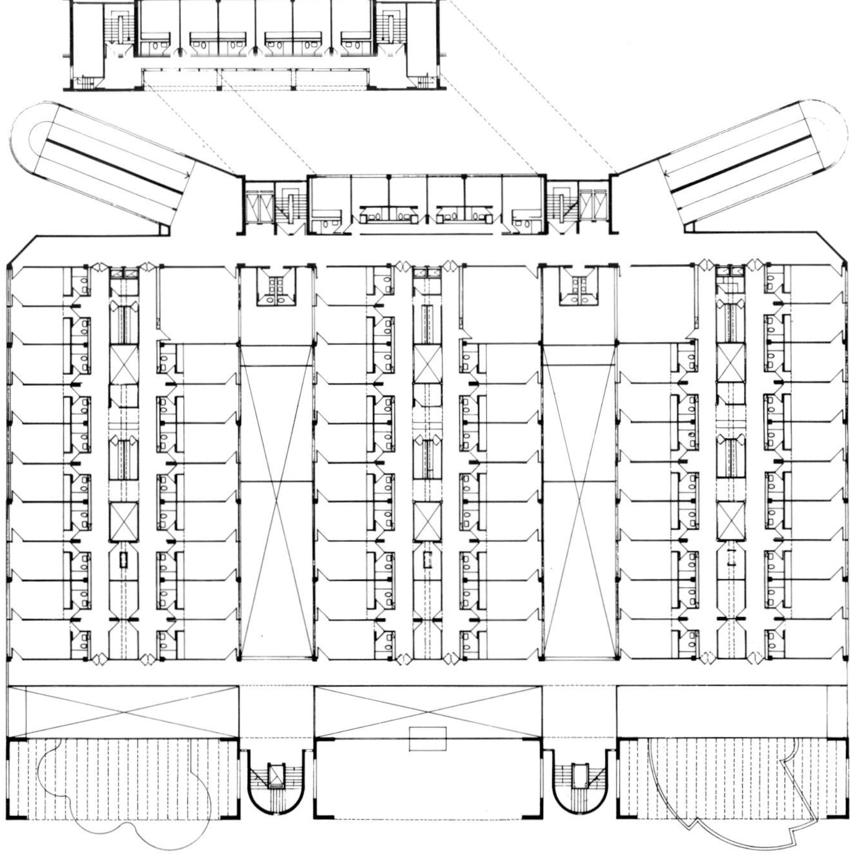

Second floor plan/Planta segundo piso

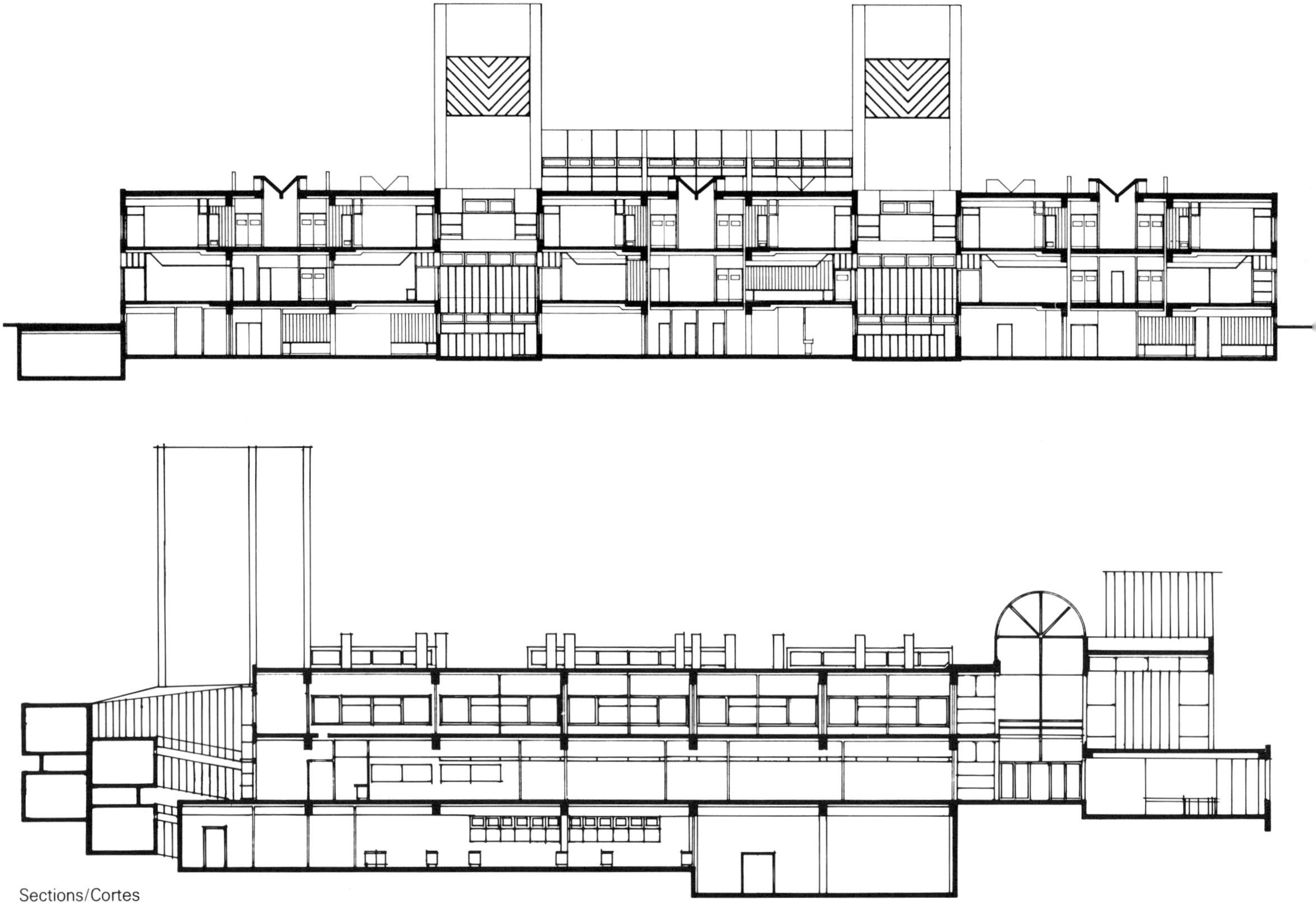

Sections/Cortes

Rear view of the model/Vista posterior del modelo

Faculty of Architecture, National University of Córdoba/Facultad de Arquitectura, Universidad Nacional de Córdoba
Córdoba 1975 (Project/Proyecto)

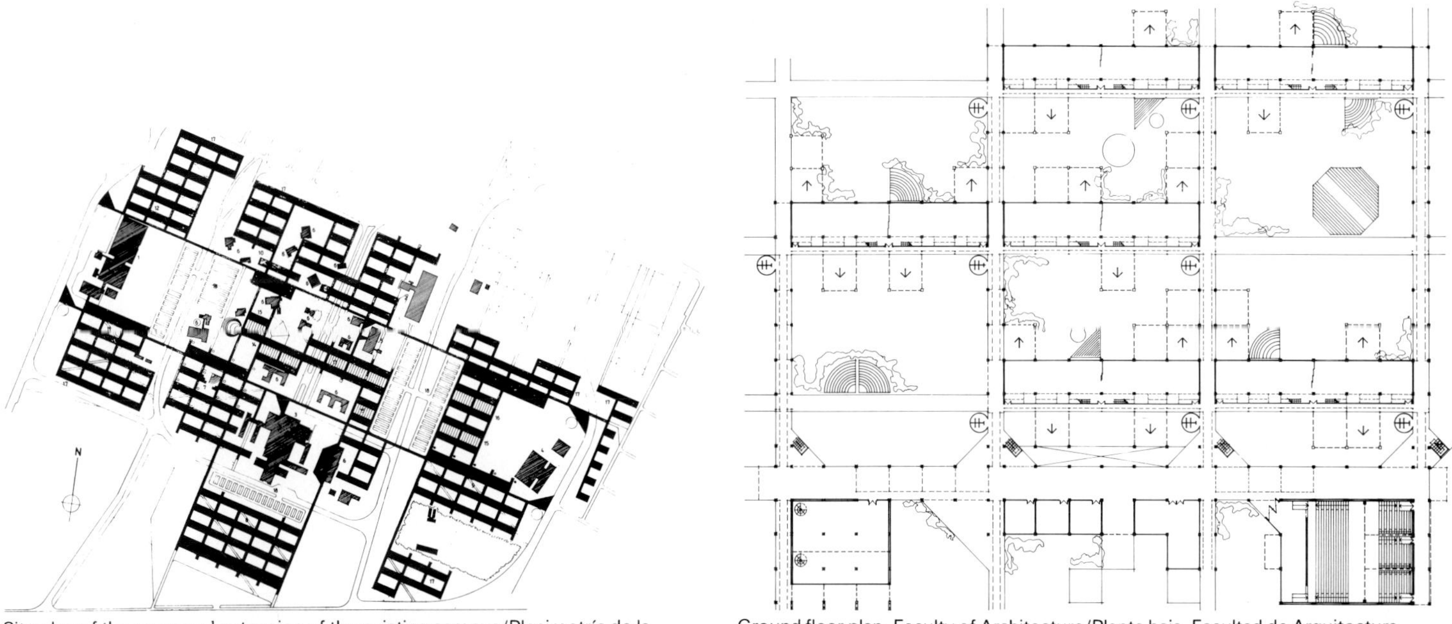

Site plan of the proposed extension of the existing campus/Planimetría de la propueste de expansión del campus universitario existente

Ground floor plan, Faculty of Architecture/Planta baja, Facultad de Arquitectura

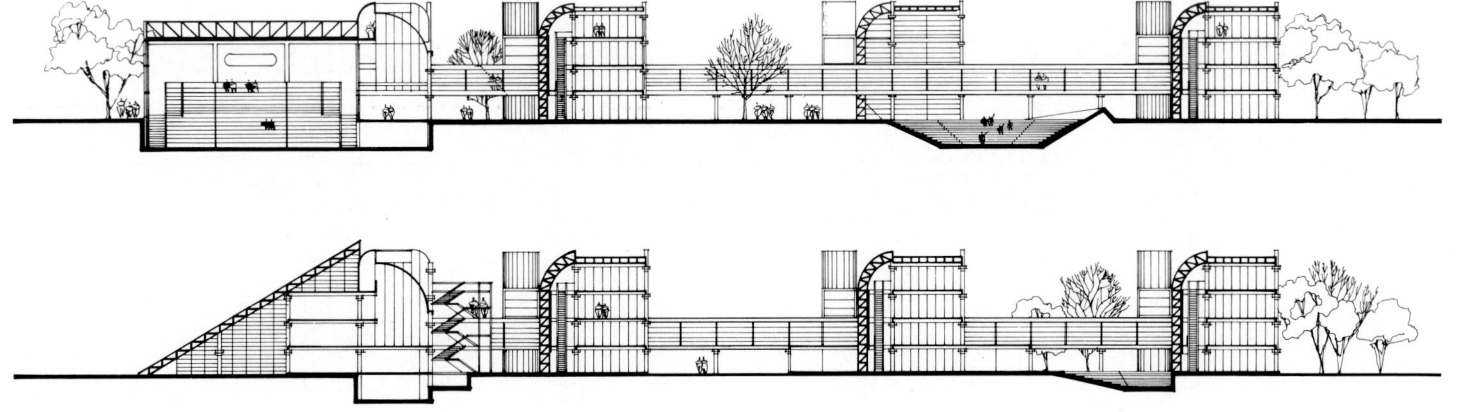

Sections/Cortes

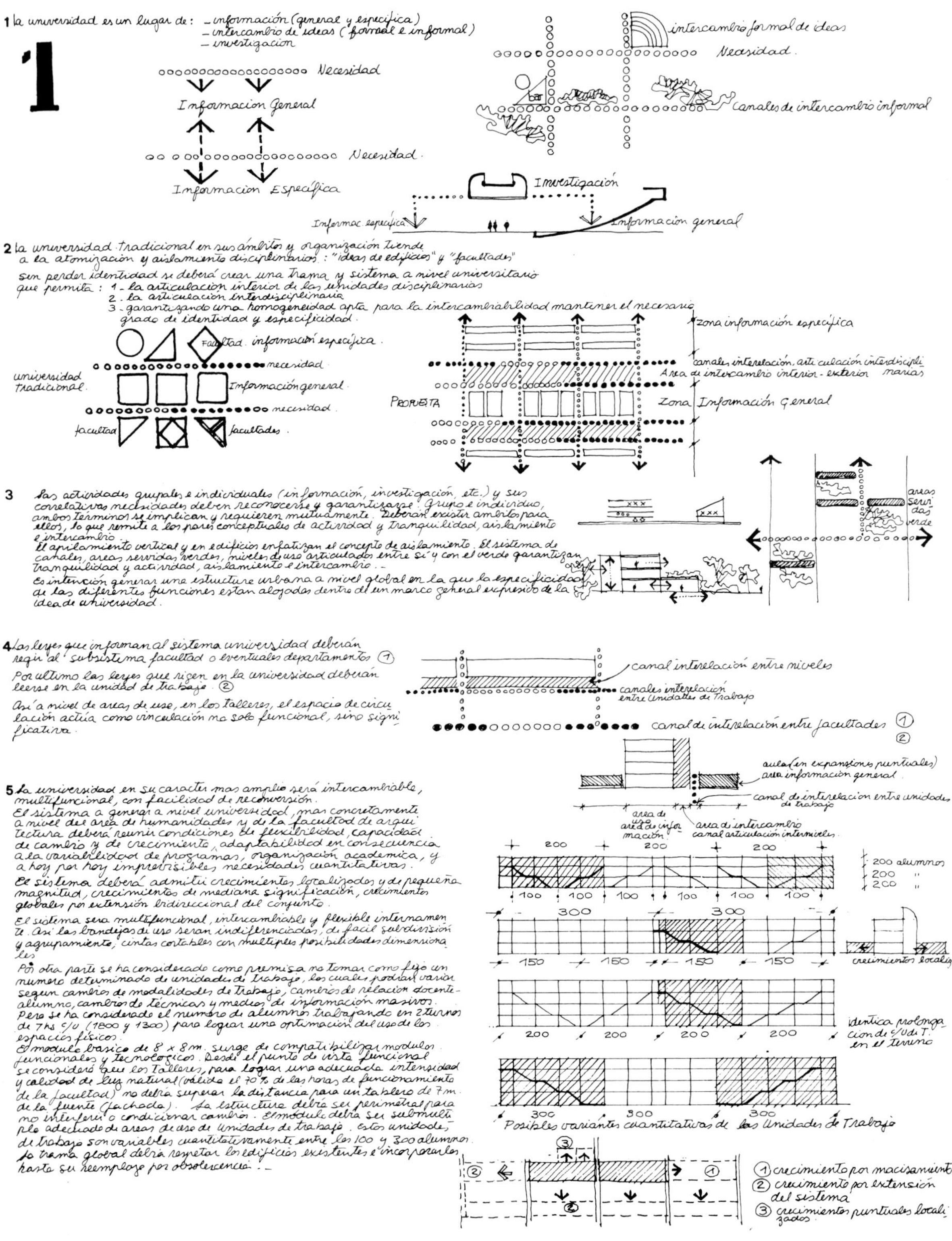

Competition entry (1st Prize), written record of the proposed educational system and architectural envelope for the Faculty of Architecture

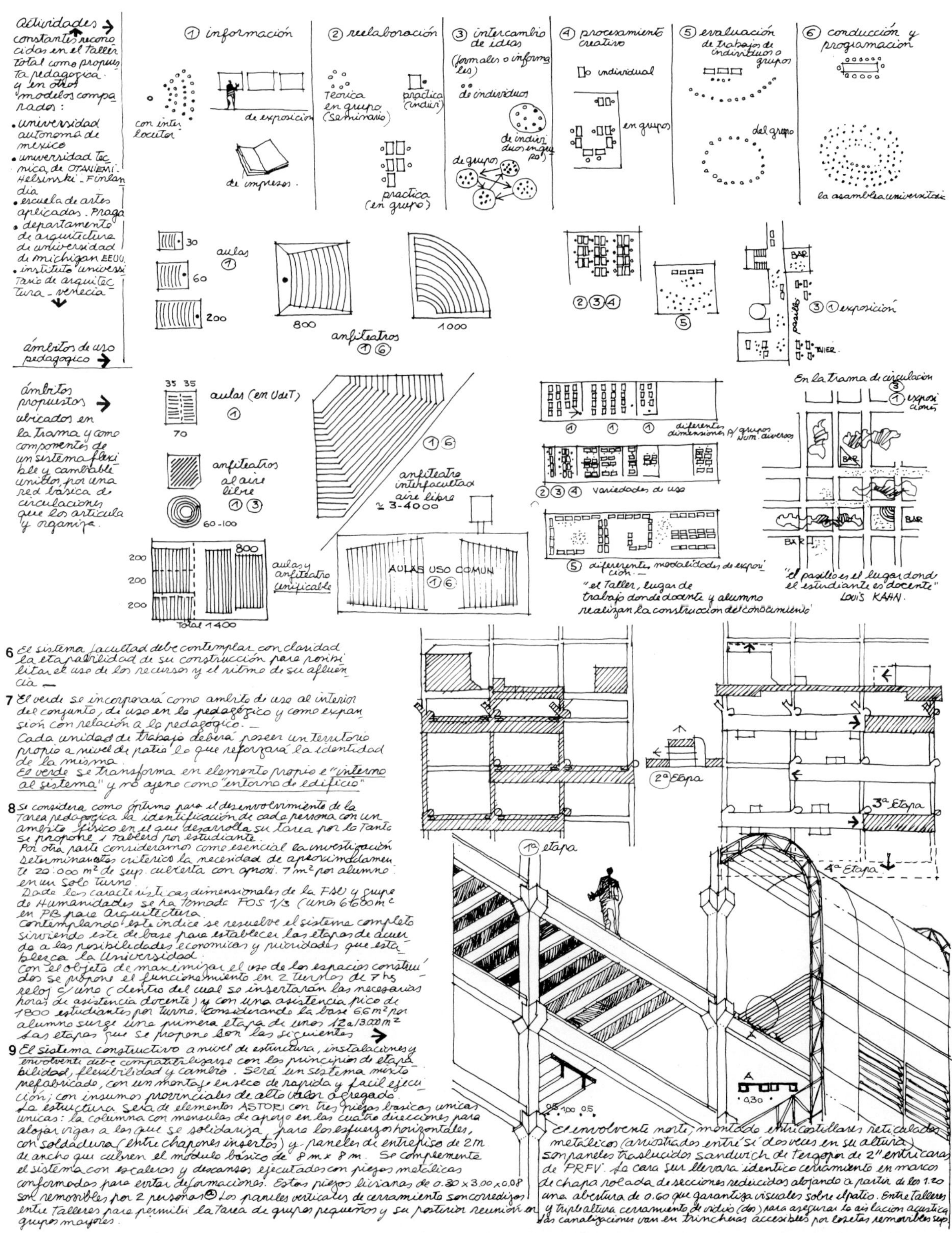

Concurso (primer premio), propuesta educativa y arquitectonica para la Facultad de Arquitectura de Córdoba

Paseo Azul Shopping Centre/Centro Comercial Paseo Azul
Córdoba 1978

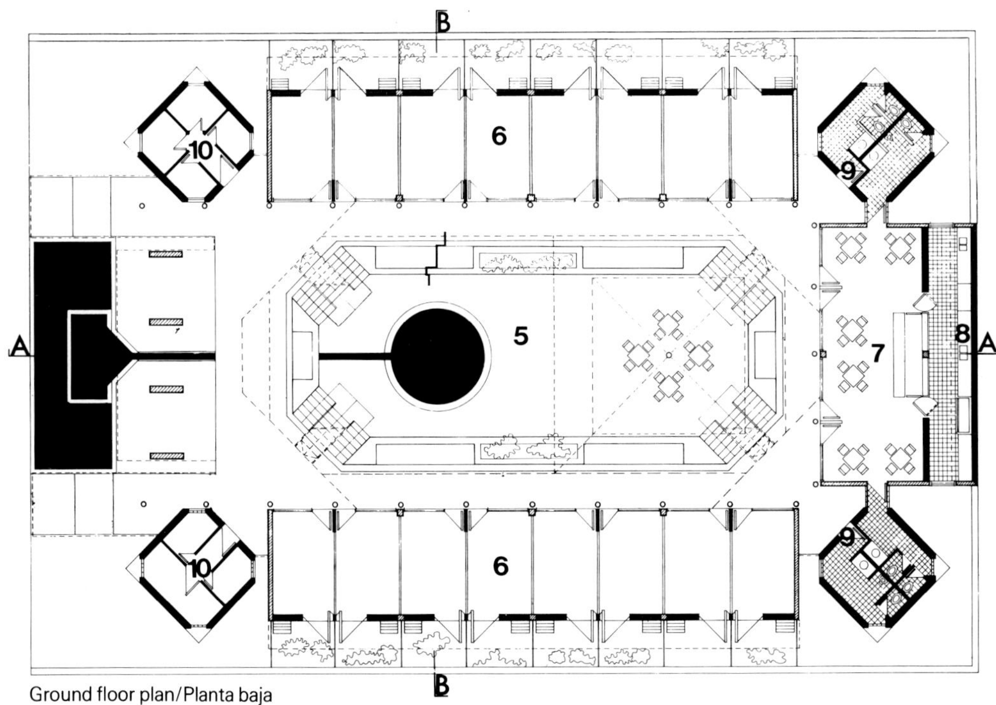

Ground floor plan/Planta baja

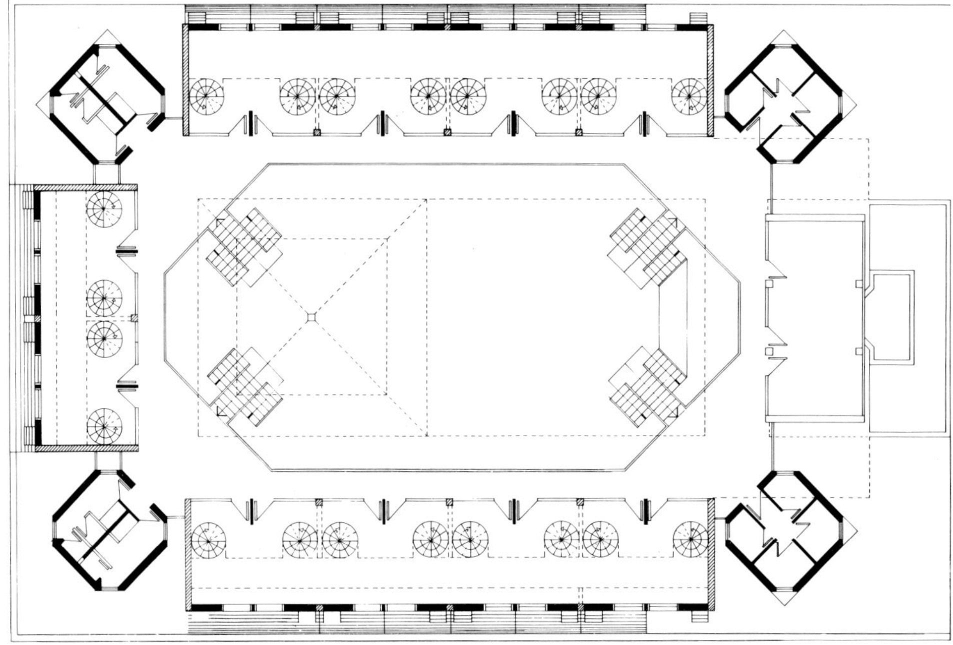

First floor plan/Planta primer piso

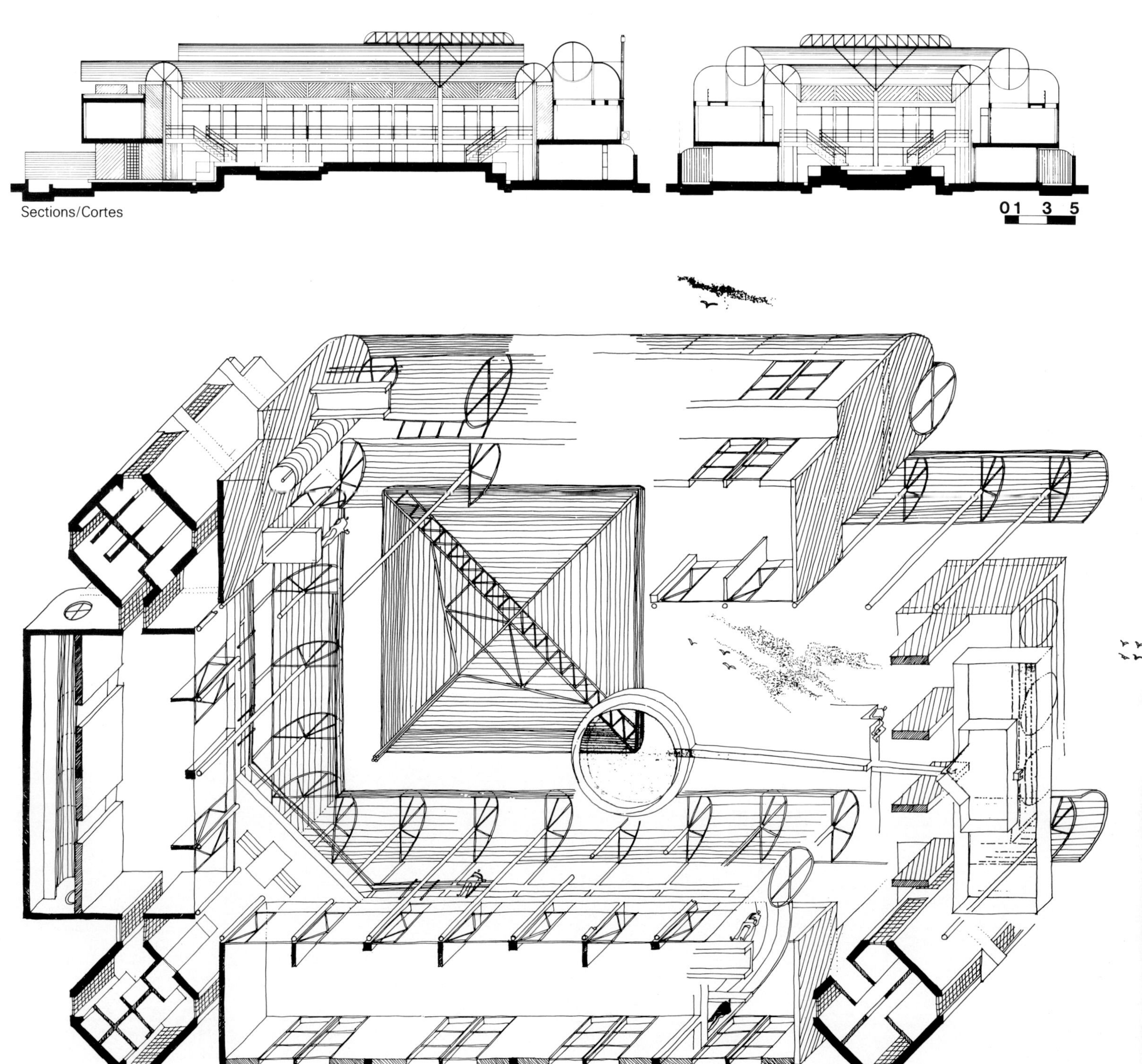

Sections/Cortes
0 1 3 5
Axonometric/Axonométrica

Malagueño Community Centre/ Centro Comunitario de Malagueño
Malagueño 1969

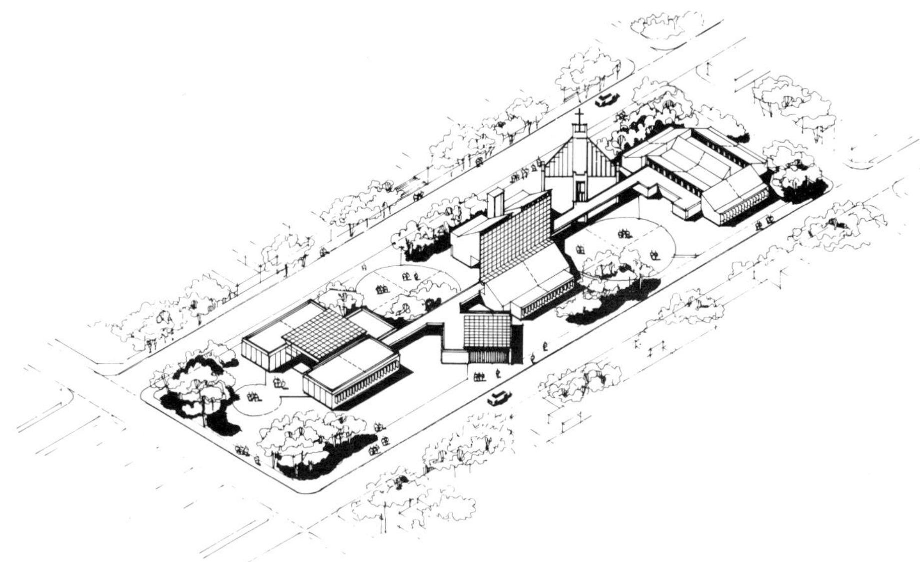

Aerial view/Vista aérea

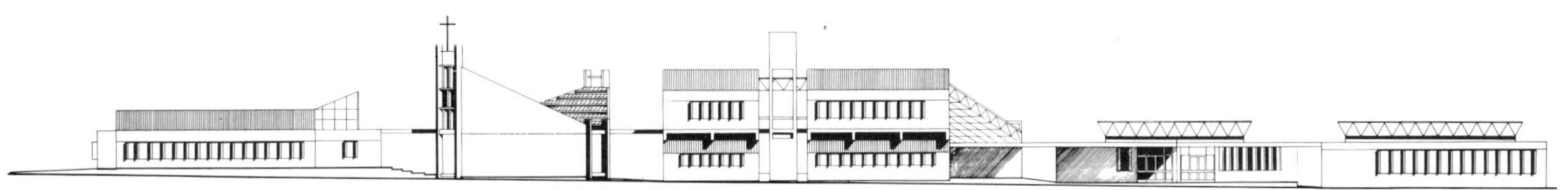

Elevation/Vista

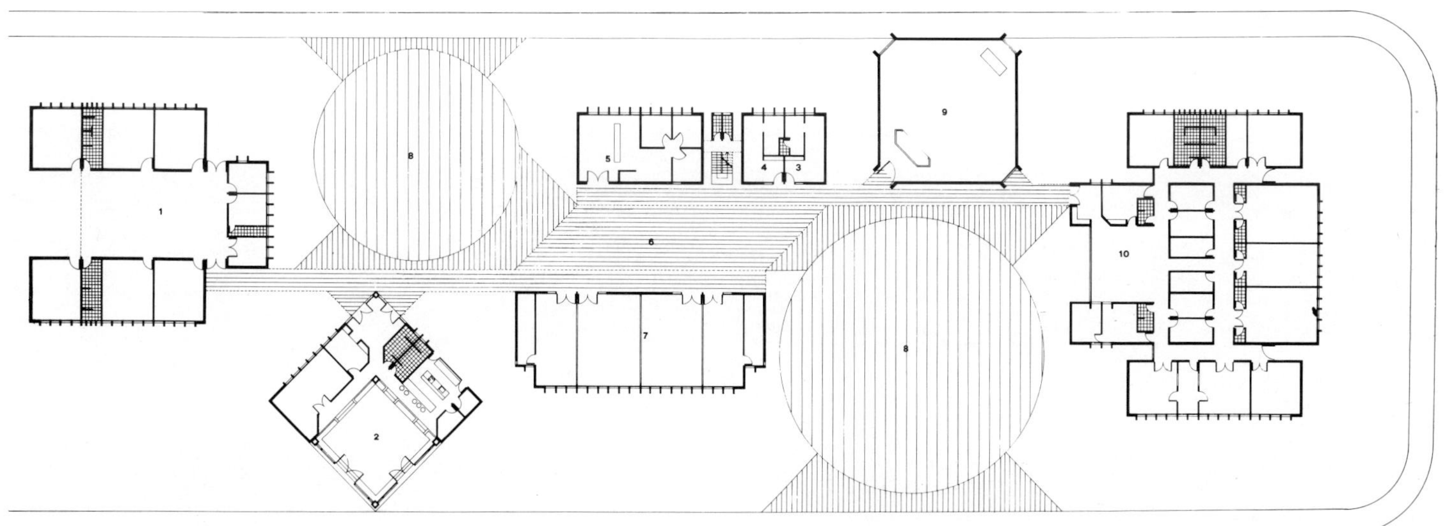

Ground floor plan/Planta baja

Oreste Berta
Workshop/Talleres
Oreste Berta
Alta Gracia 1969

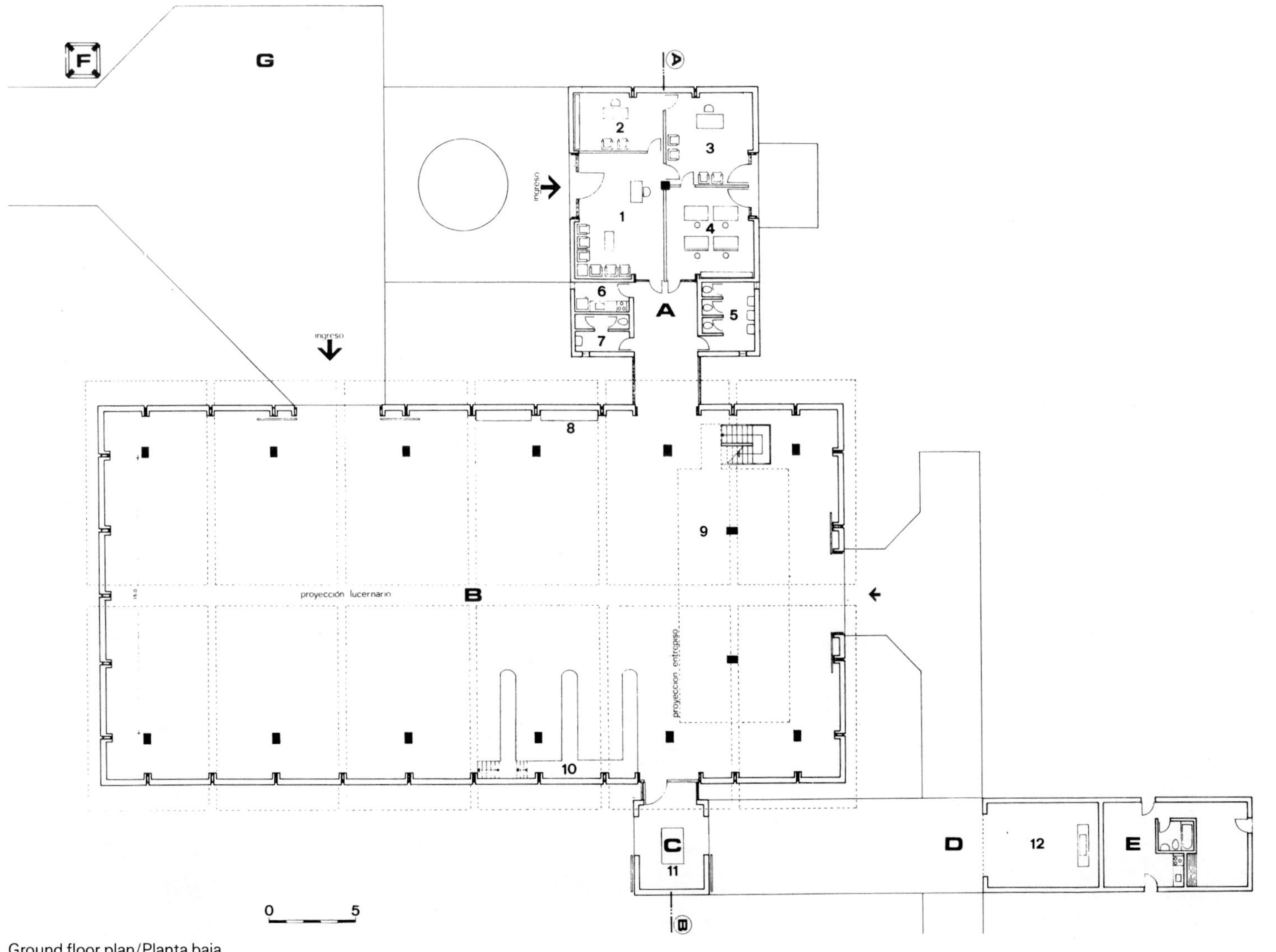

Elevation/Vista

Ground floor plan/Planta baja

Sacred Heart Church/
Iglesia Sagrado Corazón

Villa Carlos Paz, Córdoba 1977

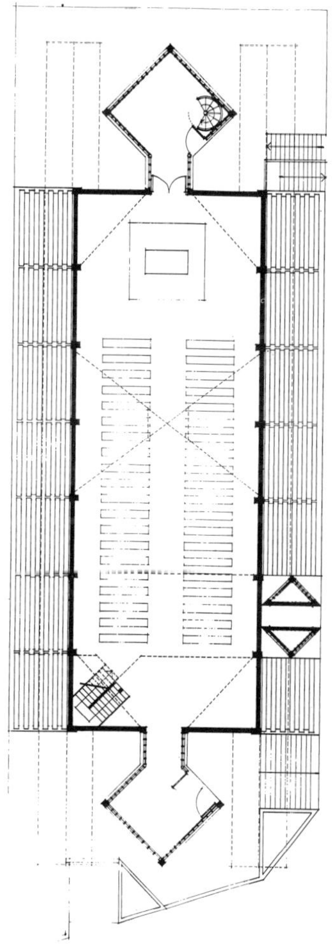

Plan/Planta

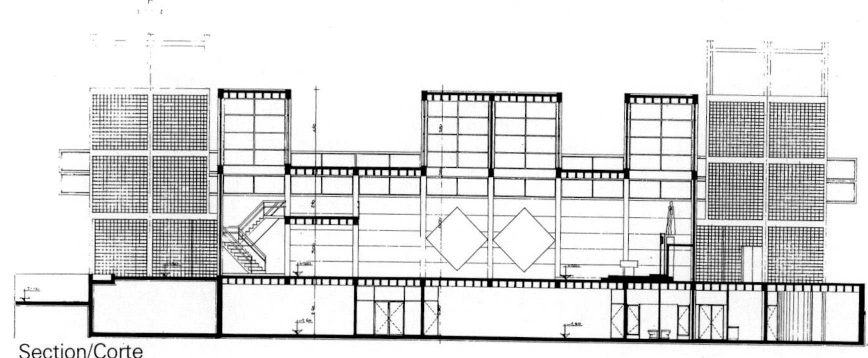

Section/Corte

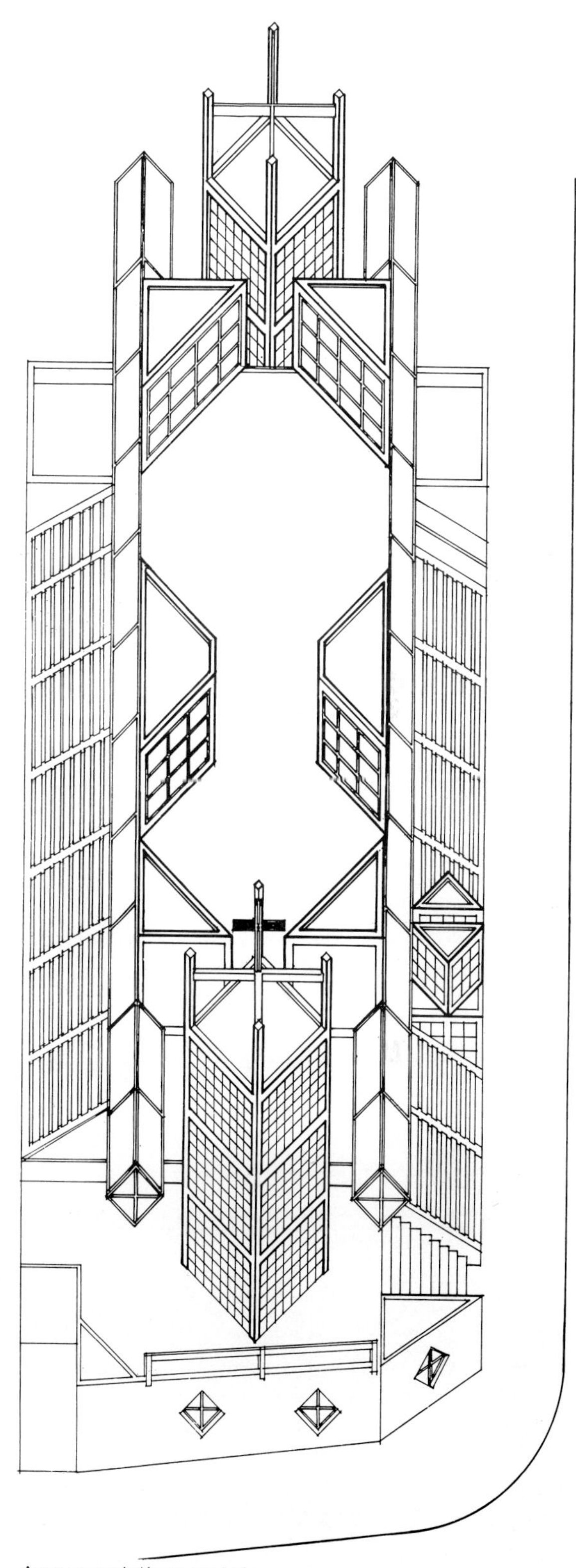

Axonometric/Axonométrica

Oruro Cultural Centre/
Centro Cultural de
Oruro
Oruro, Bolivia 1975

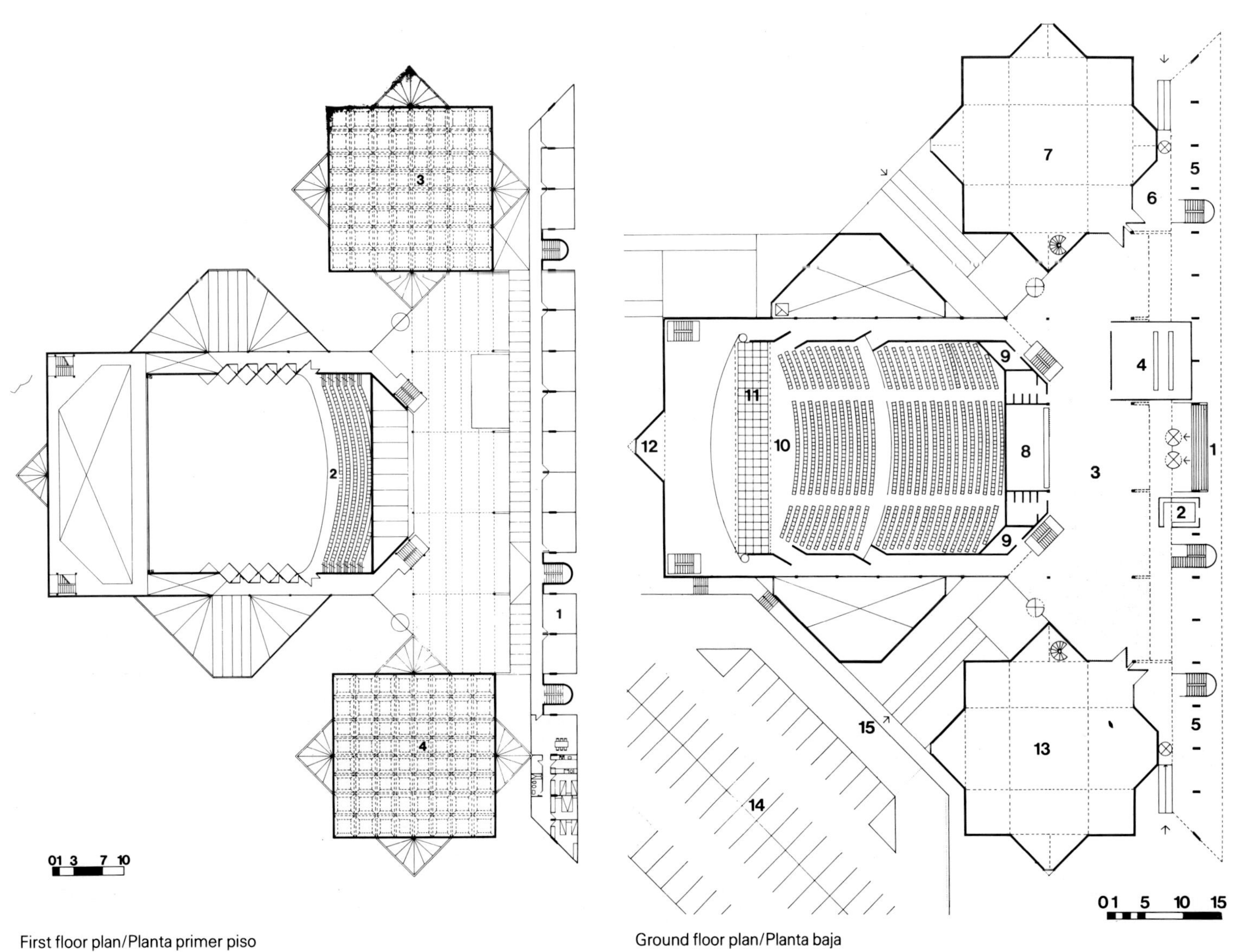

First floor plan/Planta primer piso

Ground floor plan/Planta baja

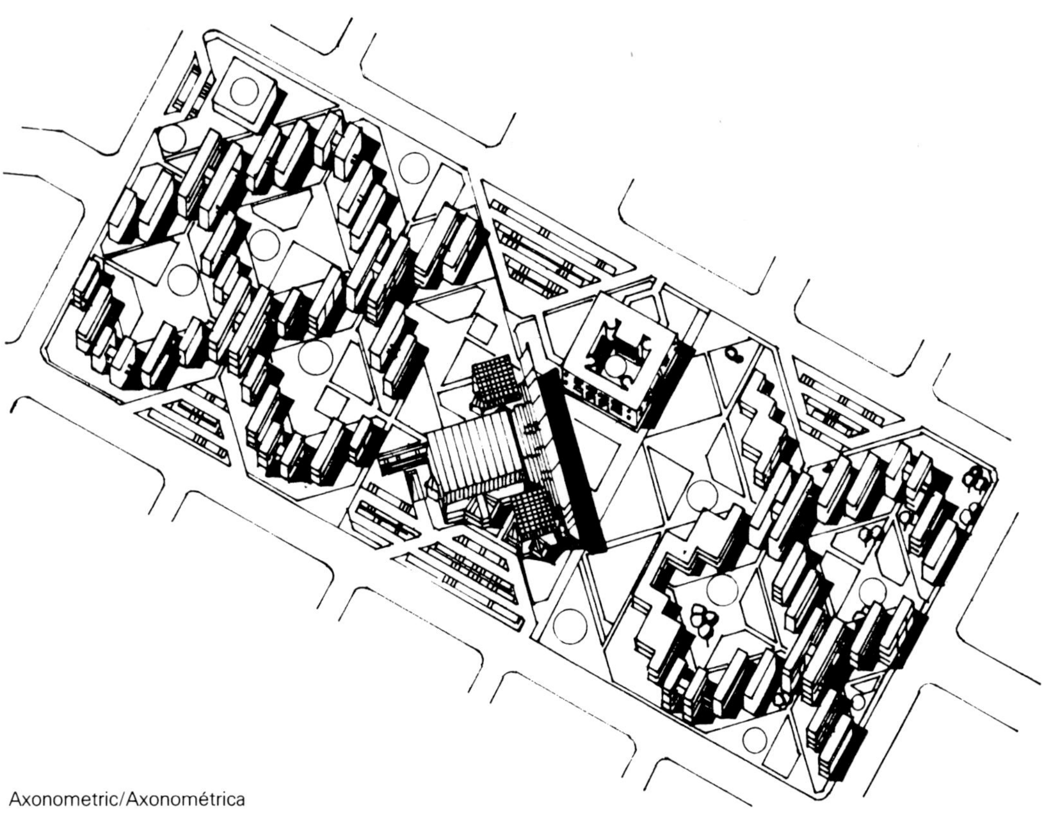

Axonometric/Axonométrica

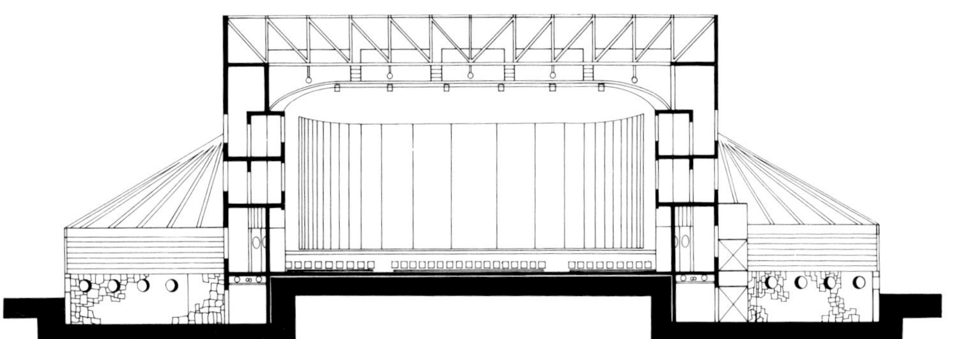

Section through the theatre/Corte transversal hacia
escenario del cine teatro

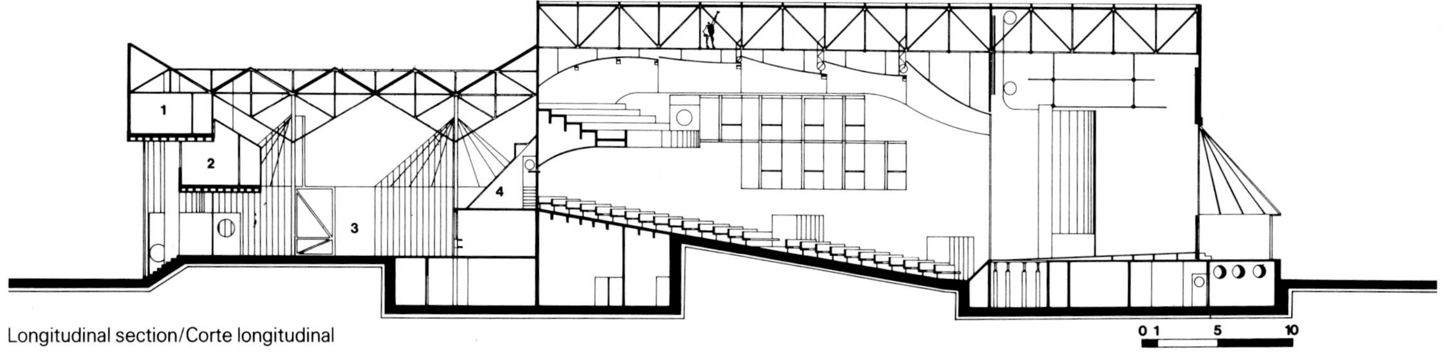

Longitudinal section/Corte longitudinal

Premier Milling Corporation/
Sede Corporación Premier Milling
Johannesburg, South Africa 1981

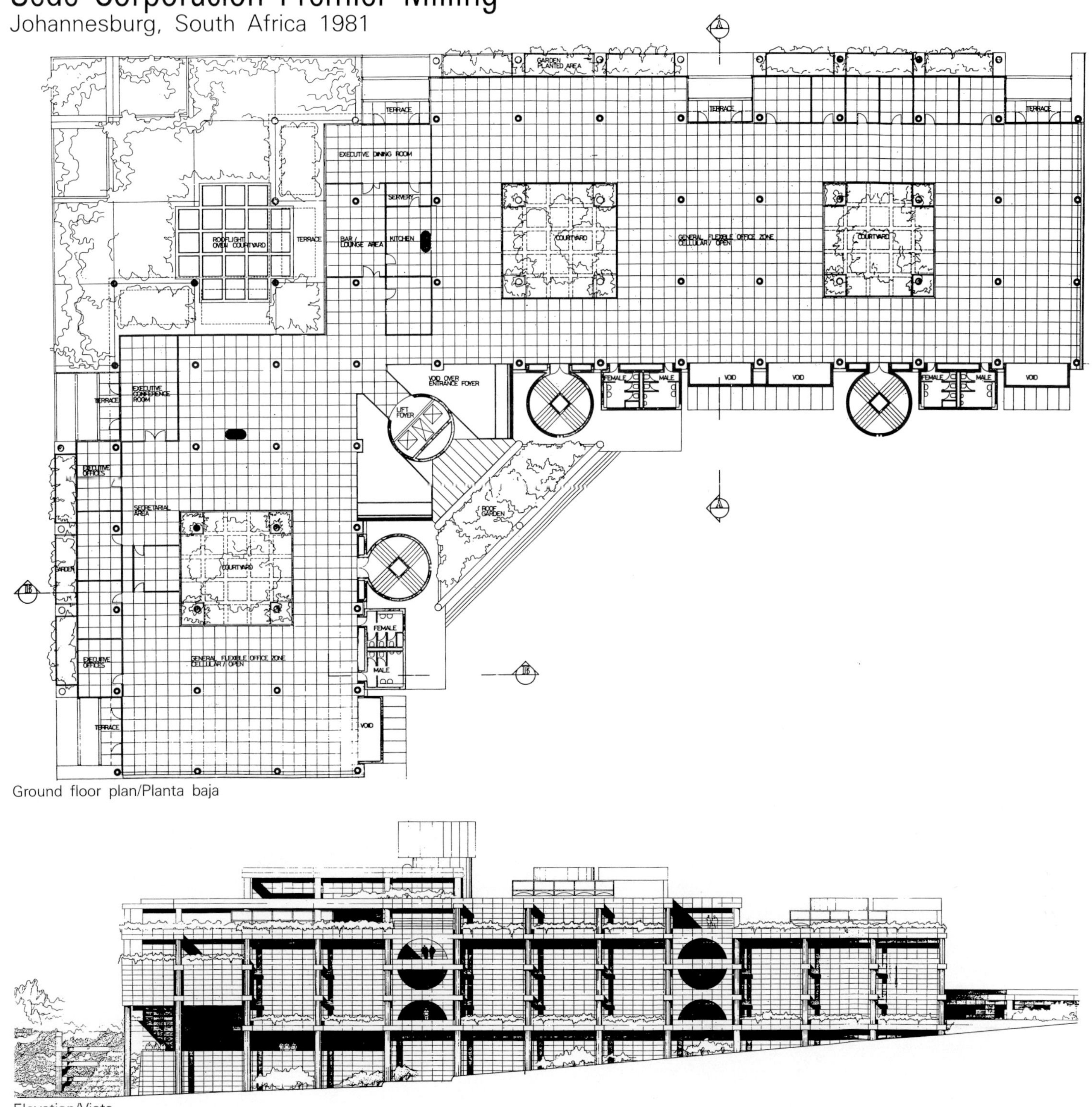

Ground floor plan/Planta baja

Elevation/Vista

Jabulani Administrative Centre/Centro Administrativo de Jabulani

Jabulani, South Africa 1980

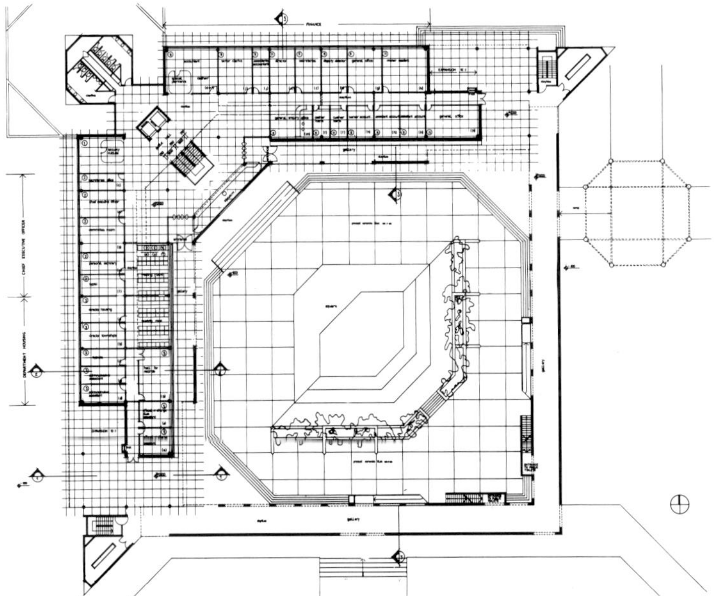

Ground floor plan/Planta baja

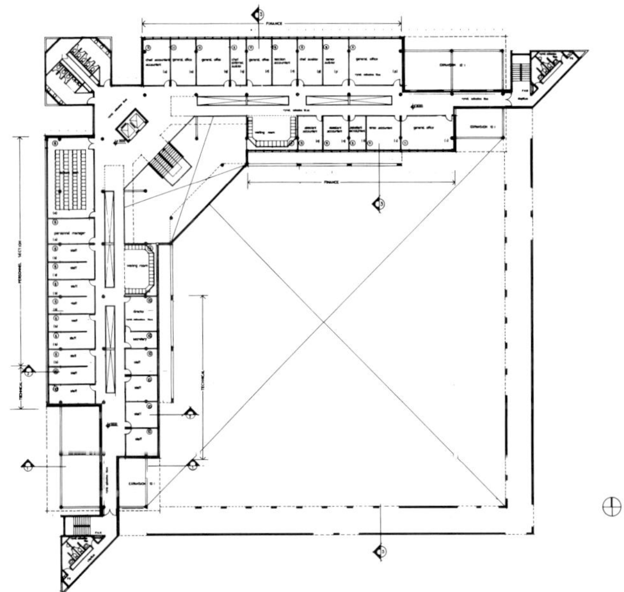

First floor plan/Planta primer piso

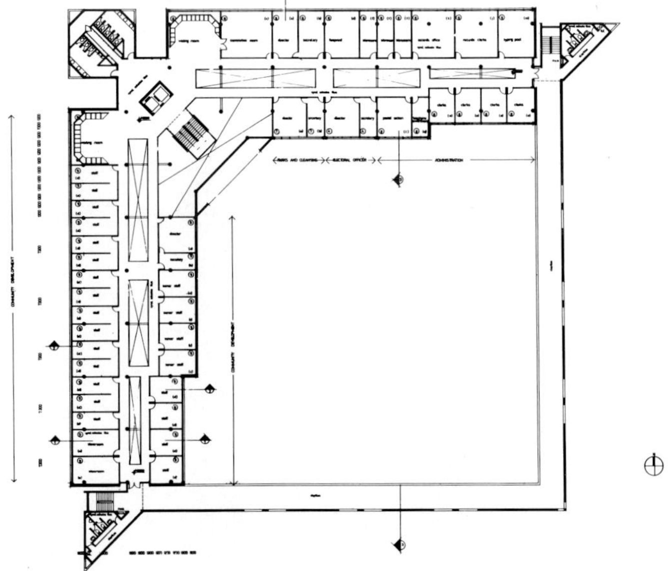

Second floor plan/Planta segundo piso

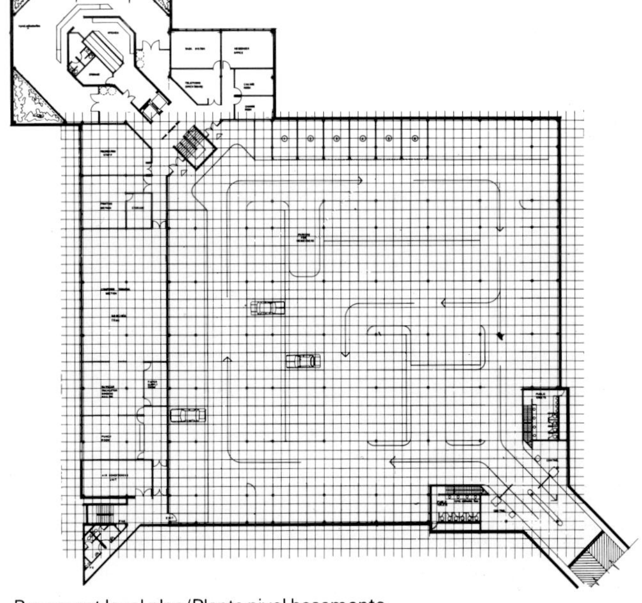

Basement level plan/Planta nivel basamento

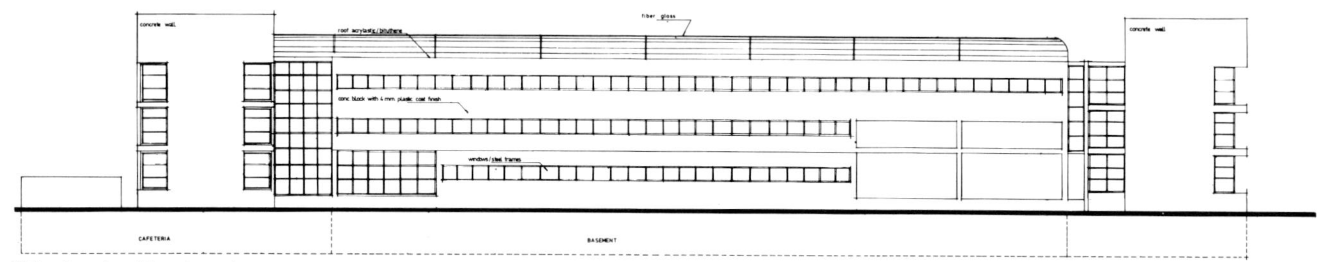

Side elevation/Vista lateral

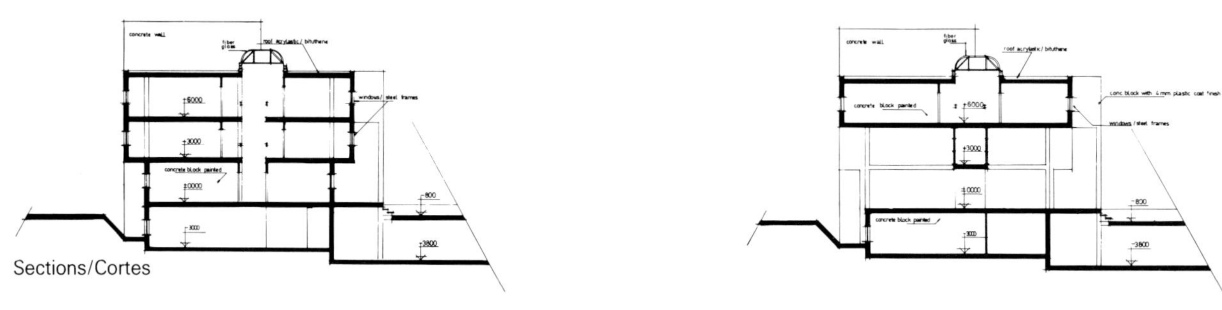

Sections/Cortes

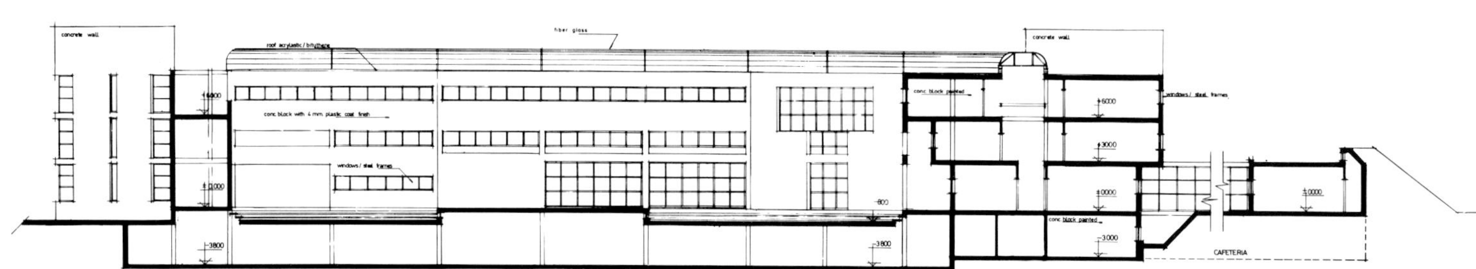

Longitudinal section/Corte longitudinal

Krugersdorf Civic Centre/
Centro Cívico Krugersdorf
South Africa 1984

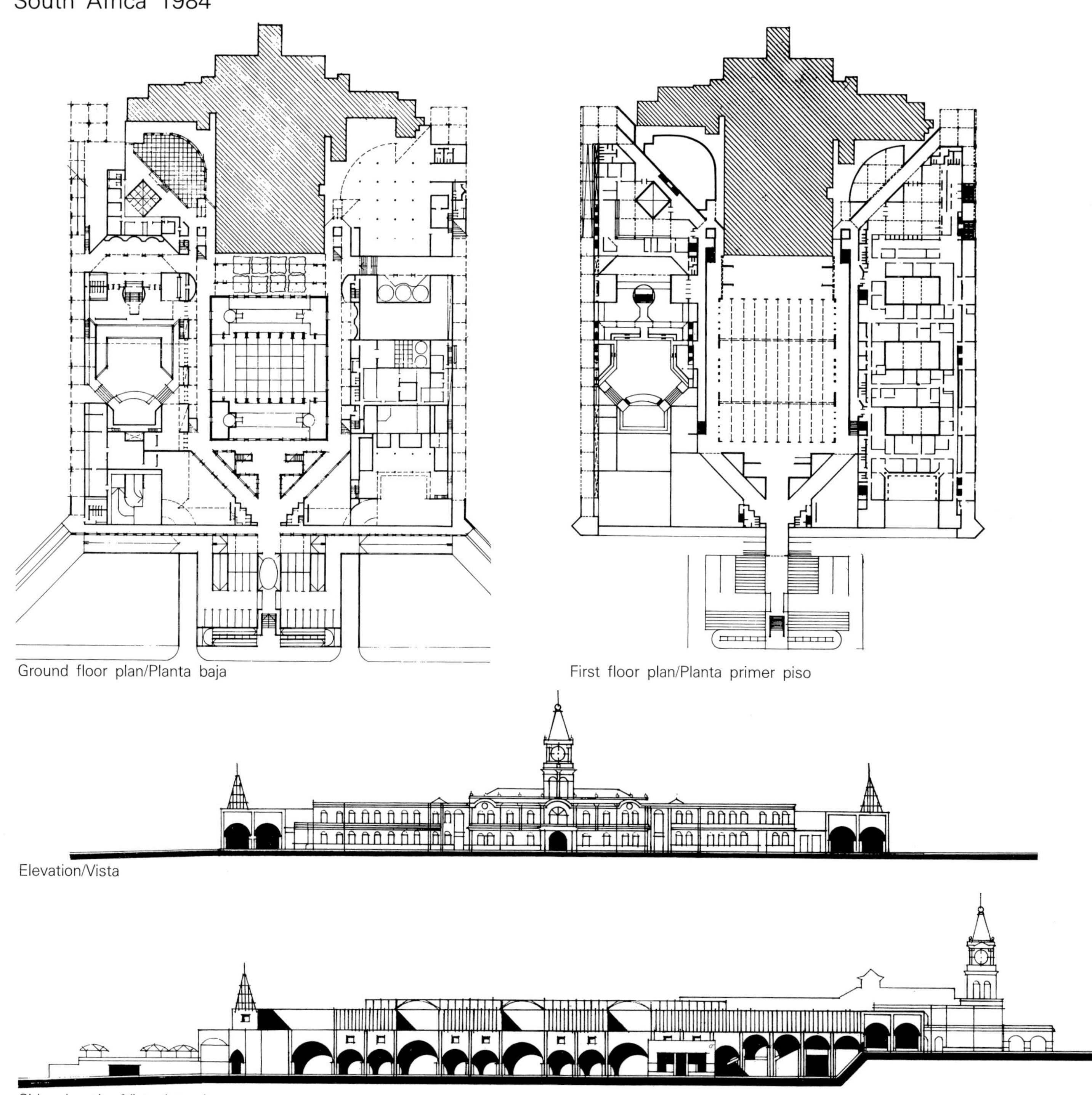

Ground floor plan/Planta baja

First floor plan/Planta primer piso

Elevation/Vista

Side elevation/Vista lateral

HIGHWAYS OR TERRITORIAL ARCHITECTURE

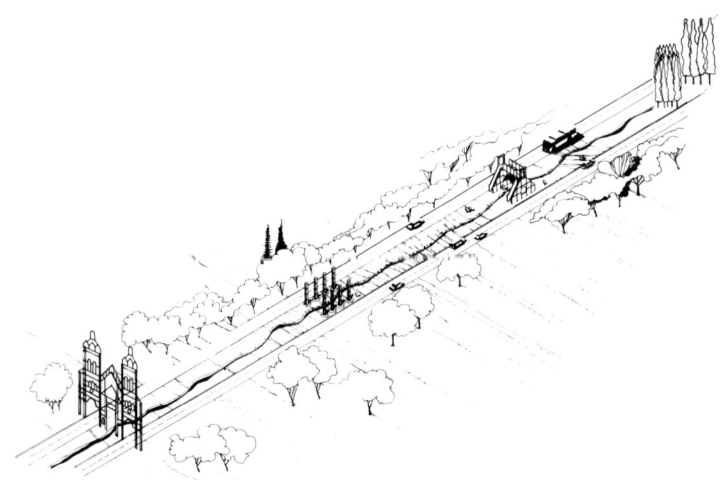

LAS AUTOPISTAS O LA ARQUITECTURA TERRITORIAL

CAPITULO 8

HIGHWAYS OR TERRITORIAL ARCHITECTURE

LAS AUTOPISTAS O LA ARQUITECTURA TERRITORIAL

The recovery of the territorial dimension of architecture, that is to say territory as architectural object, not only at a theoretical level but also at design level, is the result of the extension of the principle of urban design beyond the city. The example shown attempts to emphasize nodes or signifying places, the gates in the quasi-rural stretch to Córdoba airport and the definition of its morphology, filling the intermediate five kilometres with verdant buildings which express, as symbolic gates, the urban order-chaos.

La recuperación de la dimensión territorial de la arquitectura, vale decir el territorio como objeto arquitectónico no solo en el nivel teórico sino en el del diseño, es resultado de la extensión del principio del diseño urbano fuera de la ciudad. El ejemplo presentado pretende calificar nodos o lugares significativos, las puertas en el recorrido casi rural hacia el aeropuerto de Córdoba y la definición de su morfología, trabajando el espacio intersticial de 5 Km. con edificios verdes que hablan, como las puertas simbólicas, del orden-caos urbano.

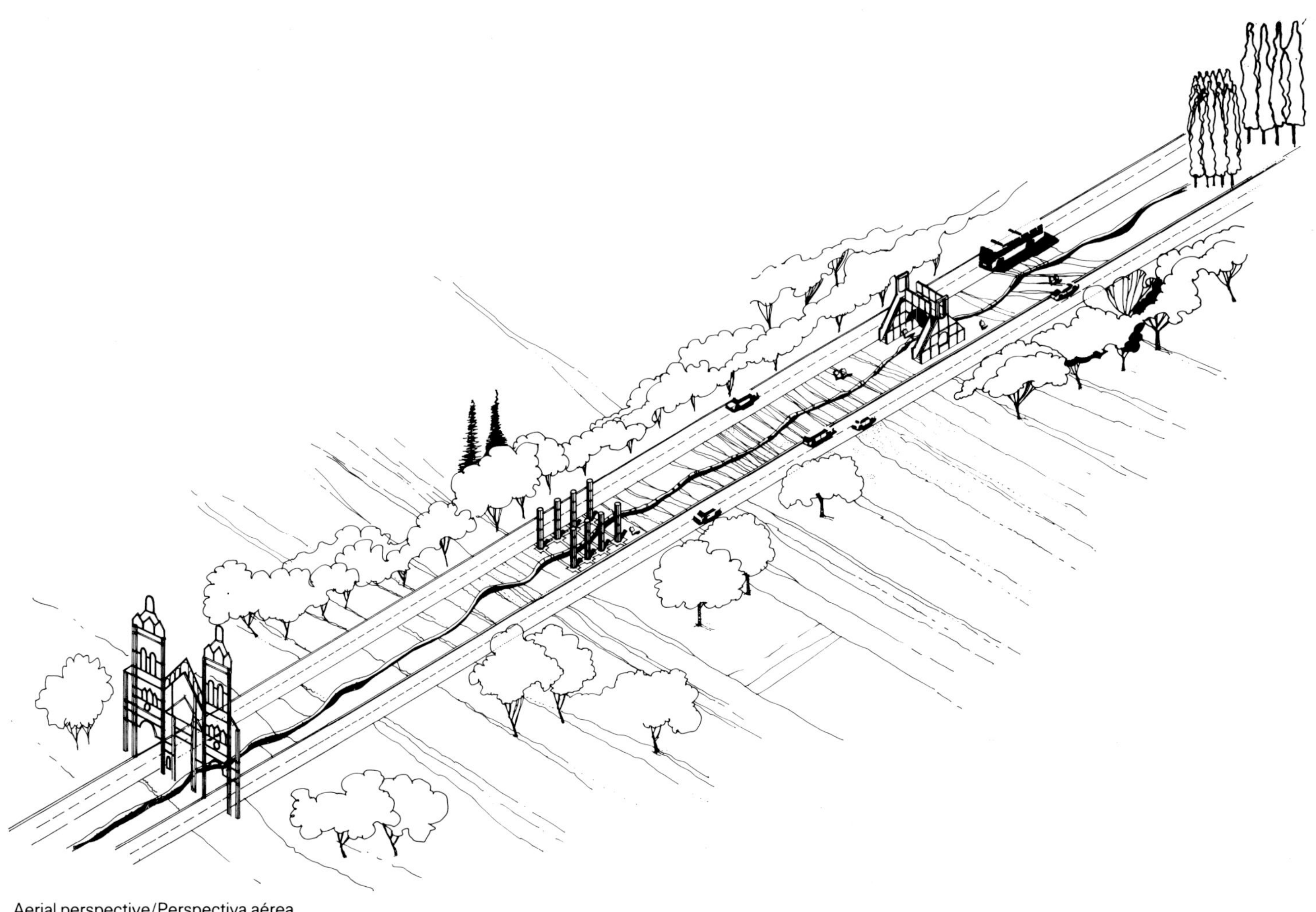

Aerial perspective/Perspectiva aérea

CHAPTER 9

PARK–RIVER—NATURE–CITY

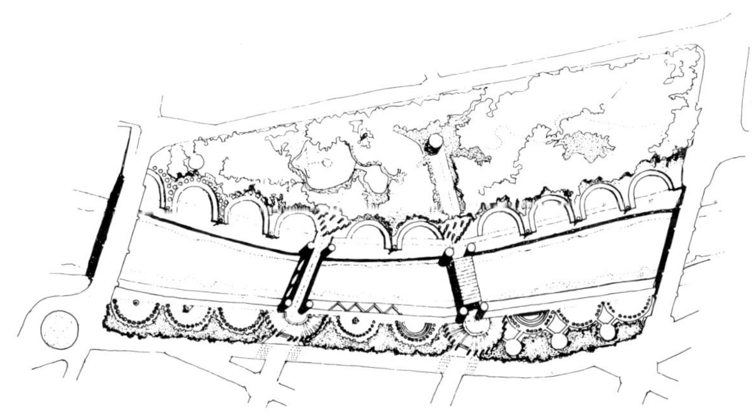

EL PARQUE–RIO—NATURALEZA–CIUDAD

CAPITULO 9

PARK-RIVER–NATURE-CITY

EL PARQUE-RIO–NATURALEZA-CIUDAD

The contradiction between country and city has never been resolved; the construction of one meant the destruction of the other. If, as in an exemplary romantic model, we wanted to incorporate the natural landscape into the city, it would seem more appropriate to do so by utilizing already cultivated land or by capturing or preserving the natural landscape (as in the new Western Park in Córdoba) before urban growth or by the reclamation of the river—meaning by this that it is not possible to structure the landscape without constructing the city, and vice versa. What is basic is the physical and social significance of the parts and surrounding neighbourhoods articulated in an urban unity.

La contradicción campo ciudad nunca fue resuelta, la construcción de una supuso la destrucción de la otra. Si queremos como en el romanticismo, modelo ejemplar, incorporar a la ciudad el paisaje natural, pareciera más válido hacerlo con el paisaje cultivado, o el natural capturado o preservado (parque del Oeste en Córdoba, nuevo parque) antes del crecimiento urbano, o la recuperación del río, diciendo con ello que no se puede construír el paisaje sin construír la ciudad y reversiblemente. Lo que es básico es el signo físico y social de sus partes y barrios circundantes articulados en una unidad urbana.

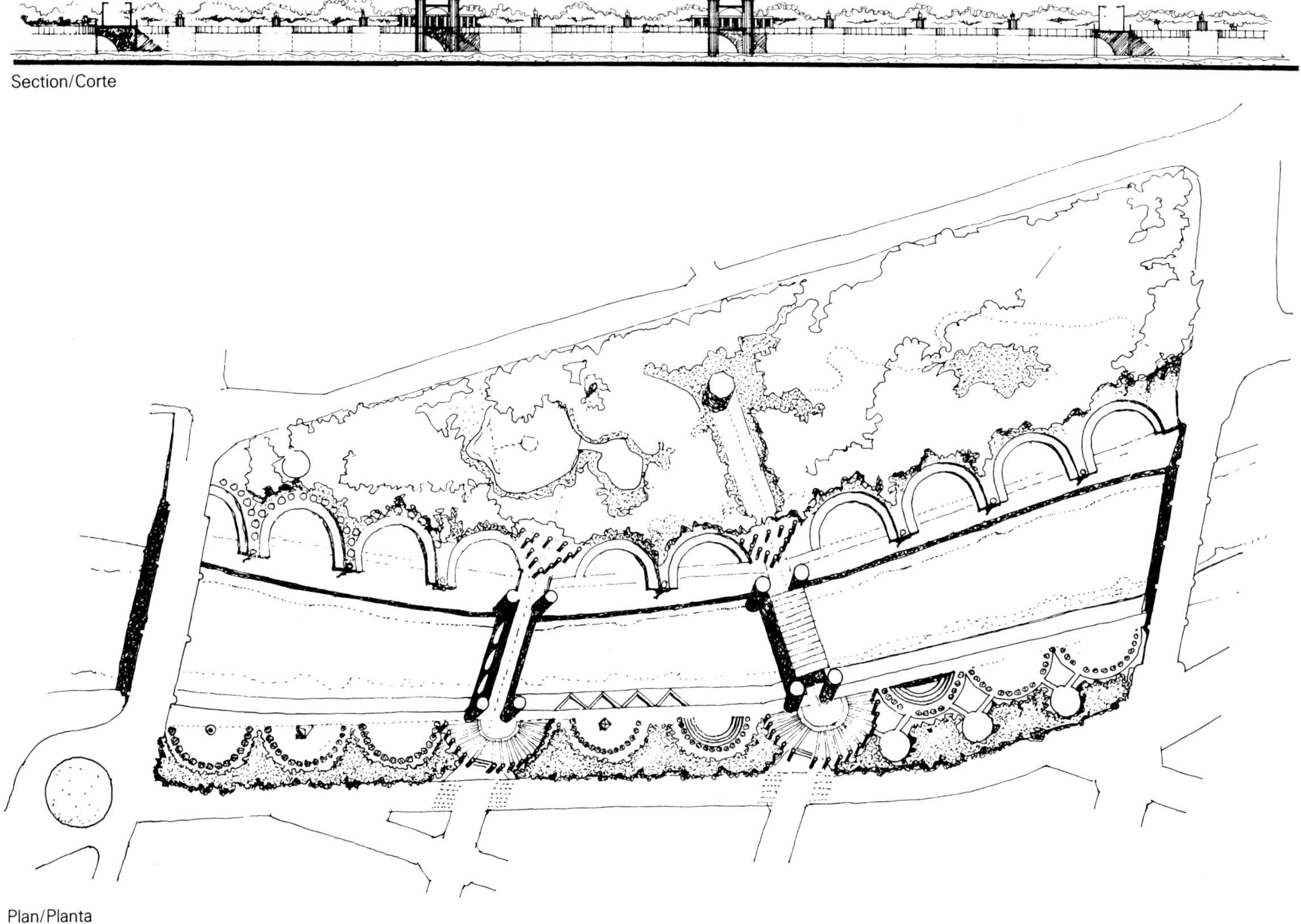

Section/Corte

Plan/Planta

158

Recovery of Río Primero and Central Park/Recuperación Río Primero y Parque Central
Córdoba 1980

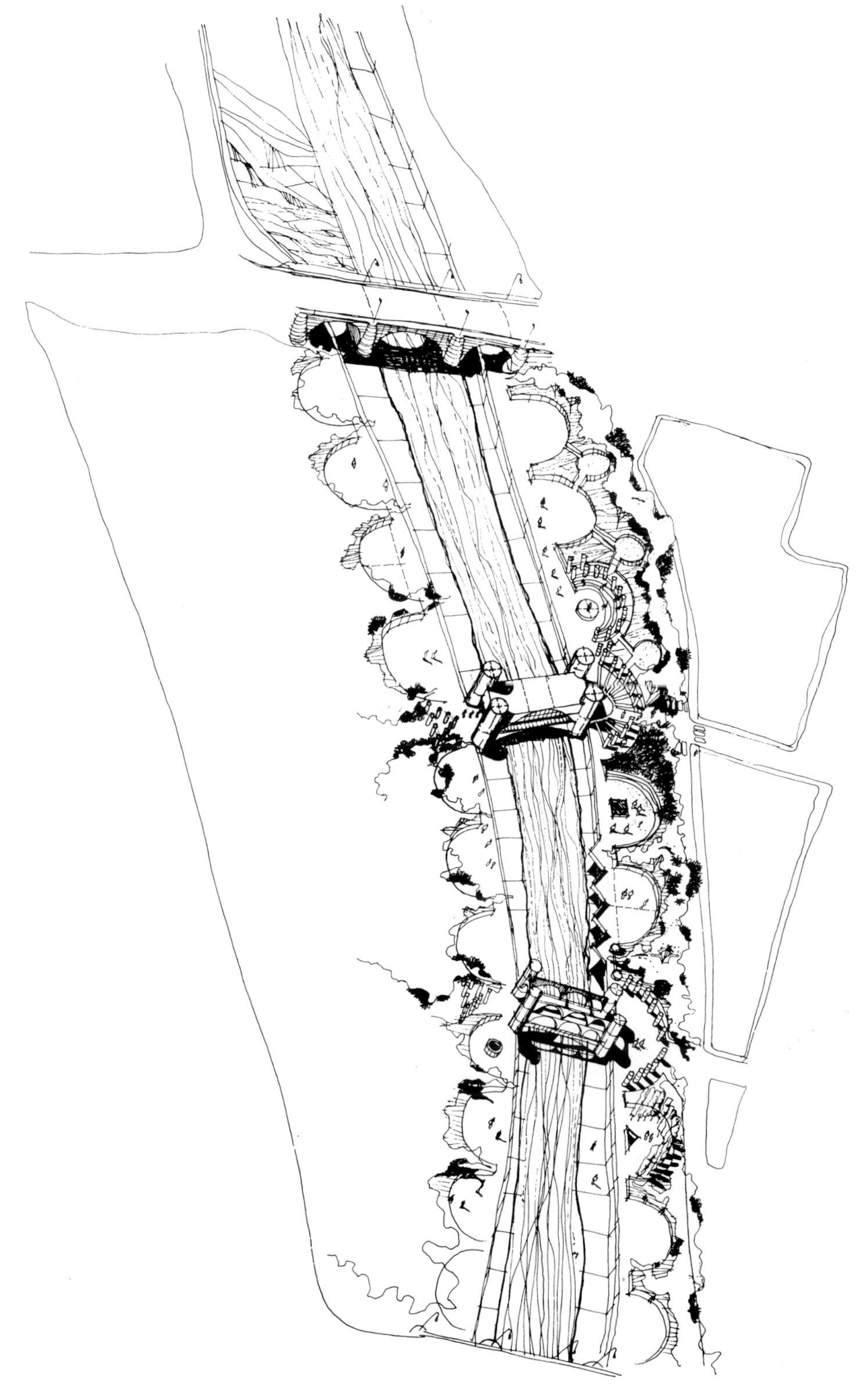

Aerial perspective/Perspectiva aérea

THE RECOVERY OF RIO PRIMERO

Suquía River, the reason for the foundation of the city originally, has been degraded throughout the urban development, first in name as it was rebaptized 'Río Primero' (First River), and recently as regards its transformation into a rainwater drainage canal as an overflow for river floods and as an outlet for industrial residue.

We endeavour to reclaim and enhance the river as the structuring feature of the urban landscape by restoring it to its natural condition. It will have containing dams which will provide water-mirrors and parks on its banks as recreational areas for the articulation of social life of the local neighbourhoods, and as connector between the Western Park, now under construction, and the Eastern Park which has already been programmed and is presently being studied.

The area in which the work will begin is that of the historical Las Heras Park, whose two banks are furnished with bowers and strolling areas, or high and low pedestrian promenades. A pedestrian bridge system with a hall for various communal uses on the first floor completes the treatment and articulates both banks as a functional unity.

The treatment of the park as shown in the photographs, adds fifteen acres of intensely forested greenery to the central area of Córdoba, thus doubling the present green surface of squares in the macrocentre of the city.

The green axis of the river and the Western Park quadruples the natural recreational area, the oxygenizing lungs of Córdoba, and is the first initiative to be carried out since the turn of the century, when the present Sarmiento and Las Heras parks were built on municipal public land. It is the first to be carried out by the Municipality, as Sarmiento Park belongs to the province and is in the process of being transferred to the Municipality.

The treatment of the bed of the river was contracted at the end of 1980.

La Cañada, a characteristic landmark in the city's landscape with its old and magnificent 'tipas' (hardwood trees), constitutes a factor of interest to the Municipality and will be provided with a constant supply of water through a system of dams or water-mirrors that will compensate for the present low level of water. To achieve this we will seek an agreement with the water authorities of the province.

RECUPERACION RIO PRIMERO

El río Suquía, causa fundacional de la ciudad, ha sido degradado a lo largo del desarrollo urbano, primero nominalmente a través de su rebautismo como Río I, y últimamente en su transformación como canal o acequía de desagüe pluvial, encauce de crecidas del río, y las más de las veces, desagüe de desechos industriales.

Se procura la recuperación y valoración del mismo como factor estructurante del paisaje urbano a través de su restauración al estado natural, con azudes de contención que generen espejos de agua y parquización de las riberas, en un entendimiento de las mismas como áreas recreativas de articulación de la vida social, de los barrios contiguos y como conector del parque del Oeste en vías de ejecución y el del Este programado y en estudio.

El área a ejecutarse en primer término es la del histórico parque Las Heras, cuyas dos riberas son tratadas con excedras y paseos o 'promenades' peatonales altas y bajas. Un sistema de puente peatonal con equipamiento de sala de usos múltiples comunal en primer piso, completa el tratamiento y articula en una unidad funcional ambas riberas.

El tratamiento parquizado ilustrado, adiciona 6 has. de verde intensamente forestado al área central de Córdoba duplicando la superficie verde actual de plazas en el macrocentro.

El eje verde del río y el parque del Oeste licitado y en ejecución, cuadruplican el área recreativa natural, los pulmones oxigenantes de Córdoba y comportan la primera iniciativa concretada desde comienzos de siglo, desde los actuales parques Sarmiento y Las Heras, en el ejido municipal y la primera ejecutada por el Municipio, ya que el Parque Sarmiento es provincial, en vías de transferencia.

El tratamiento del cauce se licitará a fines de 1980.

La Cañada, hito paisajístico de la ciudad con su arboleda de viejas y espléndidas tipas, constituye un hecho de interés municipal al que se procurará de un caudal estable de agua por un sistema de azudes, vale decir espejos de agua que cubran su cauce actual desmesurado en su vacío. Para ello se procurará un acuerdo con Hidraúlica de la Provincia.

CHAPTER 10

THE MINOR SCALE

LA ESCALA MENOR

BUILDINGS

Buildings as well as individual houses are the miniatures of urban landscape, the contextualized events, sometimes unique landmarks among the majority of elements that fit into the suburb or the central profile but which may suffer as a result. They are minor manifestations of the anti-city, of what is collective.

THE MINOR SCALE
TO A DREAMER OF HOUSES

The light, airy houses, ambiguous in their temporality and spatiality, are our centres of security and adventure, den and universe. Because all that is includes what is not, every presence evokes the present absences. Houses live in us, mere forgetfulness makes them vanish, for dreams, fancies and recollections are their raw material: light materials dragged away by the winds of time.

* * *

Our soul as den and abode, the house, things, the houses, the city, appear as dwellings for that soul, places for the inventory of our recollections and forgetfulnesses.

* * *

The house, that microcosm, initial universe, fact of what we have lived, fancy of what we would like to live, embraced in a complementary unity.

* * *

The spaces of loneliness constitute the being and his extension, the house, whose being is to be well, well-being.

* * *

Everyone is as his house is, rather he is his house, as it is not a question of appearances.

* * *

Seizing the faceless air, shapeless and boundless, which floods everything; which reads books left open, which goes in haste and returns in less haste, without fate, wandering, of inscrutable purpose, of unpredictable rhythm; unique god if there is one worthy of worship because of his arbitrary freedom. Seizing that air and compromising it in drawn silhouettes of roofs implicitly carries out a history of skies.

* * *

He imagined an architecture of non-violence in which every principle, every element was included.

As that Hindu religion which embodies all the gods of monotheistic, polytheistic, pantheistic, magic-mythical cosmogonies in which nothing is excluded. Everything is embraced, understood or included, nobody is excluded, nothing is outside the religion. Sex, chastity are different sacred dimensions.

He knew that the architecture could not be his work but the work of a man made of all men and that that edifice was named city.

* * *

LOS EDIFICIOS

Los edificios como las viviendas individuales, son la miniaturas del paisaje urbano, los eventos contextualizados, a veces hitos puntuales en la gran mayoría de las cosas que corresponden a la suburbia o a los perfiles centrales desgarrados, en el mejor de los casos. Manifestaciones menores de la anticiudad, de lo colectivo.

LA ESCALA MENOR
A UN SOÑADOR DE CASAS

Las casas leves, aéreas, ambiguas en su temporalidad y espacialidad son nuestros centros de seguridad y de aventura, de guarida y universo. Porque todo lo que es incluye lo que no es, evoca toda presencia las ausencias presentes.

* * *

Las casas viven en nosotros, el simple olvido las desvanece, porque su materia prima son sueños, ensueños y recuerdos; materias leves que los vientos del tiempo arrastran.

* * *

Nuestra alma como guarida y morada, la casa, las cosas, las casas, la ciudad, aparecen como alojamientos de esa alma, lugares donde está el inventario de nuestros recuerdos y olvidos.

* * *

La casa, ese microcosmos, universo inicial, hecho de lo que vivimos, ensueño de los que desearíamos vivir, confundidos en una unidad complementaria.

* * *

Los espacios de la soledad son constitutivos del ser y de su prolongación, la casa, cuyo ser es estar-bien, bienestar.

* * *

Cada persona es como su casa, más bien es su casa, ya que no es problema de apariencias.

* * *

Capturar el aire sin rostro, el aire informe, ilimitado, que todo lo inunda; que lee libros dejados a la intemperie, que va con premura y retorna con una no menor, aun sin destino, errático, de propósitos inescrutables, de ritmo impredecible; único Dios si lo hay, digno de adoración por su libertad arbitraria. Capturar ese aire y comprometerlo en siluetas dibujadas de techumbres, lleva implícito una historia de cielos.

* * *

Imaginó una arquitectura de la no violencia en la que todos los principios, todos los elementos estuvieran incluídos.

Como esa religión hindú que contiene todos los dioses de cosmogonías monoteístas, politeístas, panteístas, mítico-mágicas en la que nada se excluye. Todo se abarca, se comprende o se adiciona, nadie está excluído, nada está fuera de la religión. El sexo, la castidad, son dimensiones sagradas diferentes.

Supo que esa arquitectura no podía ser obra suya sino de un hombre hecho de todos los hombres, y que ese edificio se llamaba ciudad.

* * *

Carranza House/
Casa Carranza
Córdoba 1965

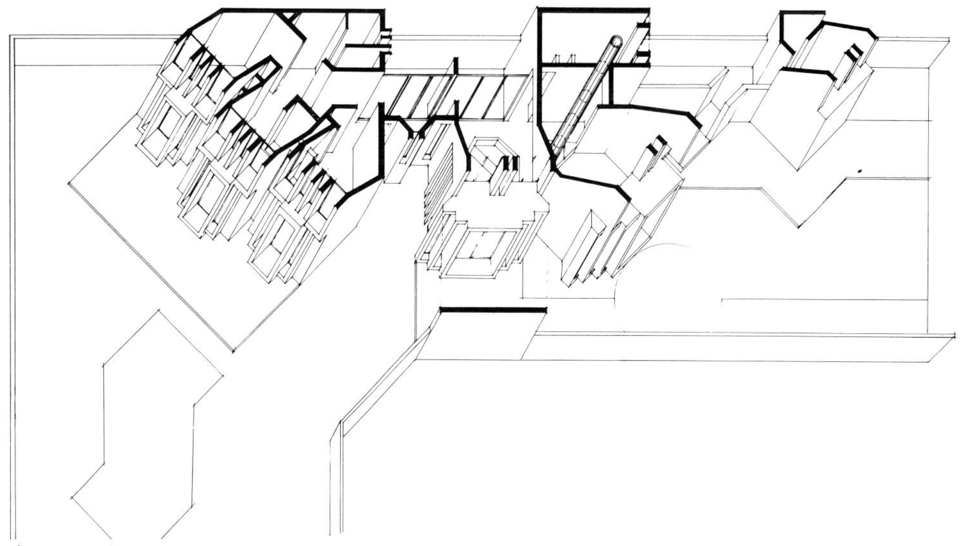

Axonometric/Axonométrica

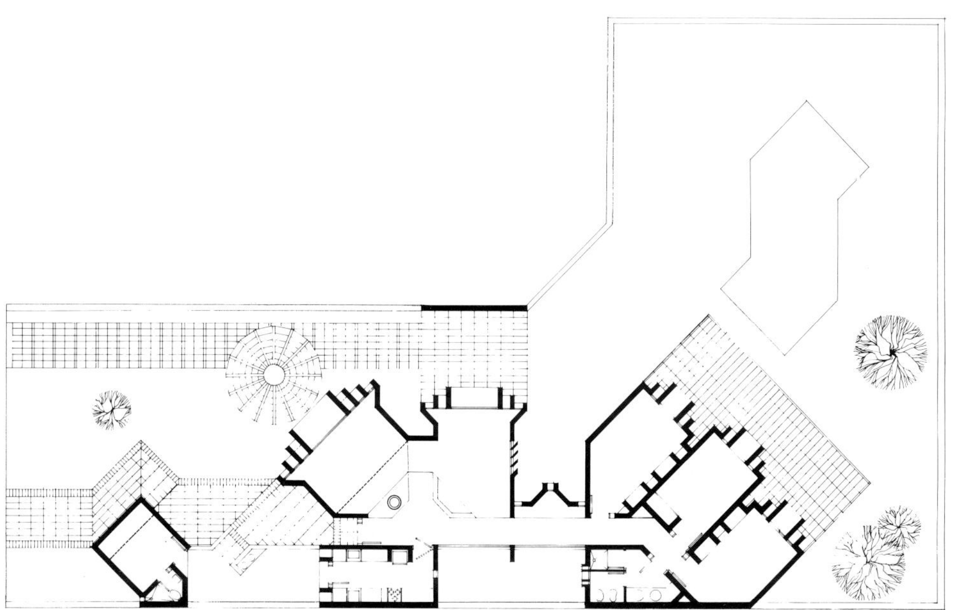

Ground floor plan/Planta baja

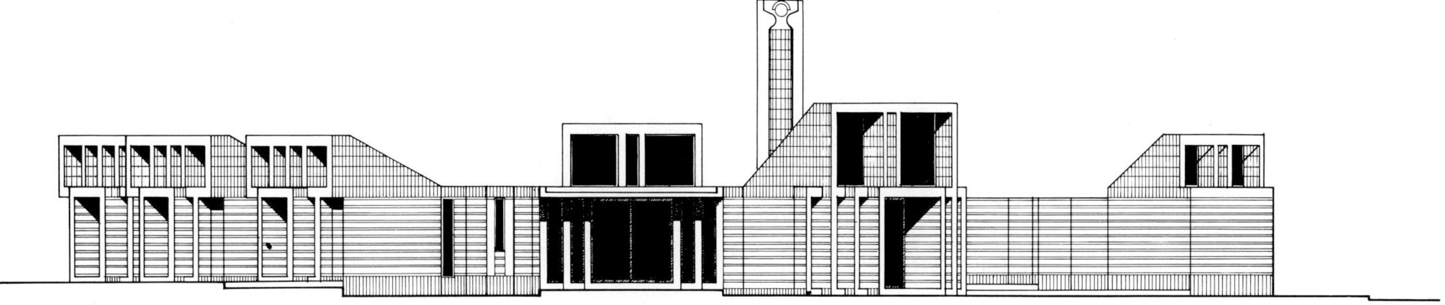

Elevation/Vista

Ferreyra House/
Casa Ferreyra
Córdoba 1970

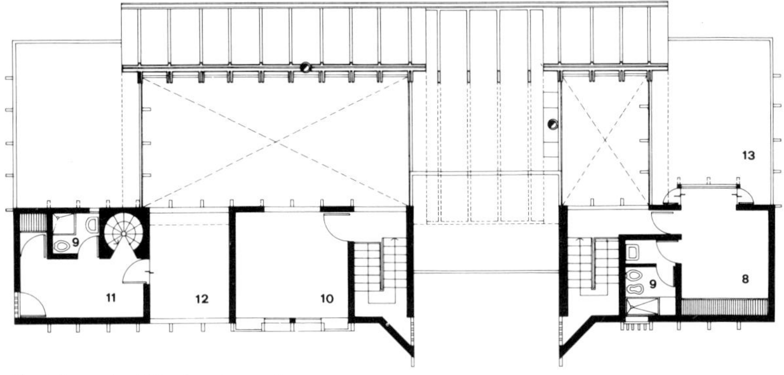

First floor plan/Planta primer piso

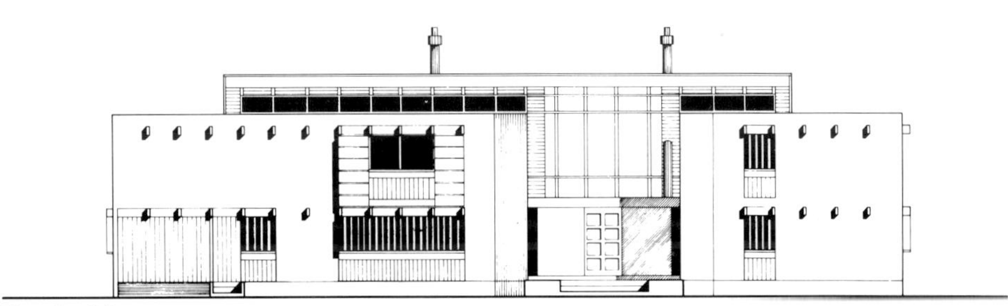

Elevation/Vista

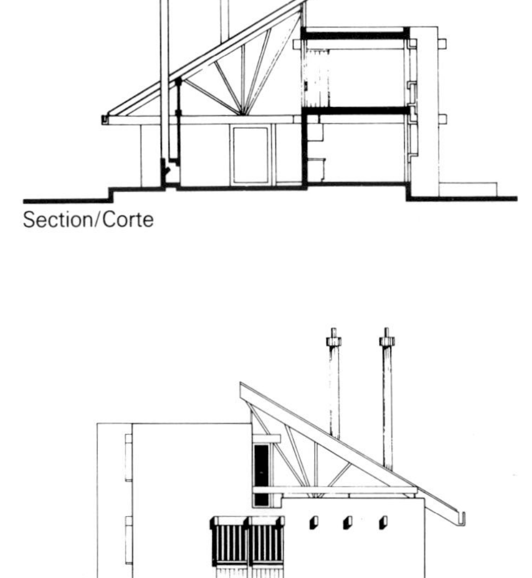

Section/Corte

Side elevation/Vista lateral

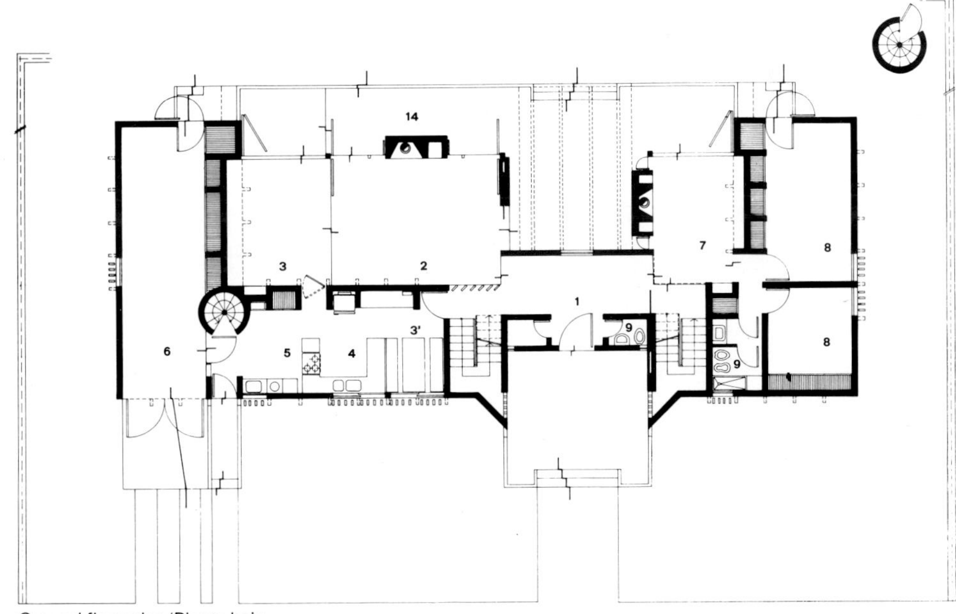

Ground floor plan/Planta baja

Balbis House/
Casa Balbis
Córdoba 1972

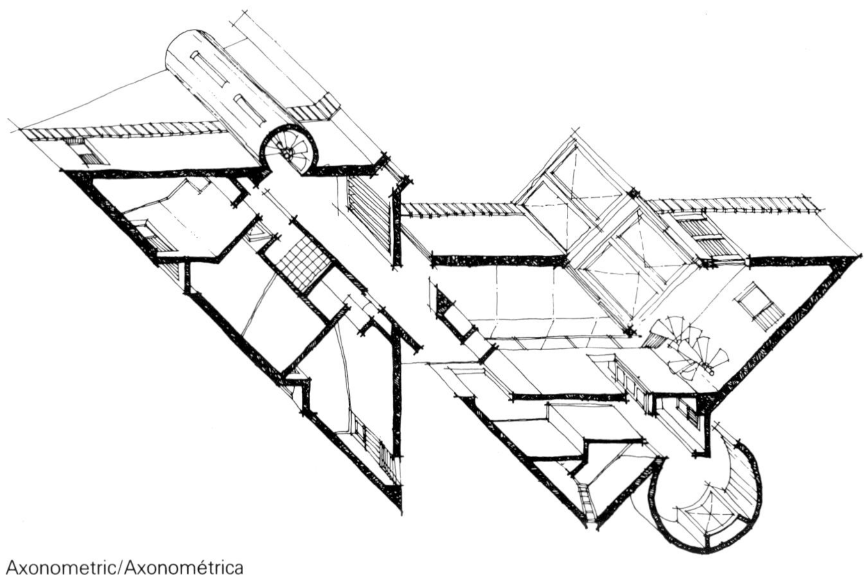

Axonometric/Axonométrica

Sections/Cortes

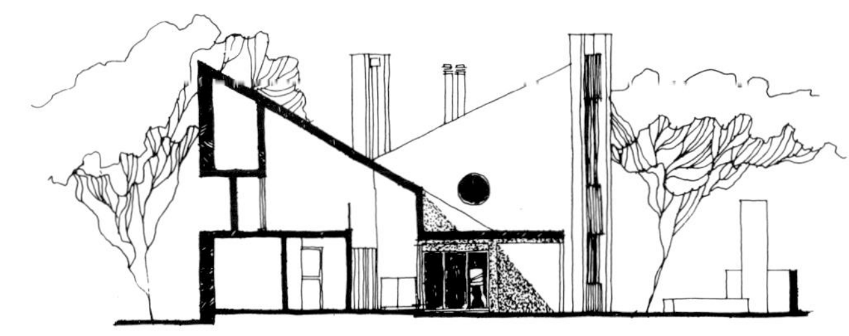

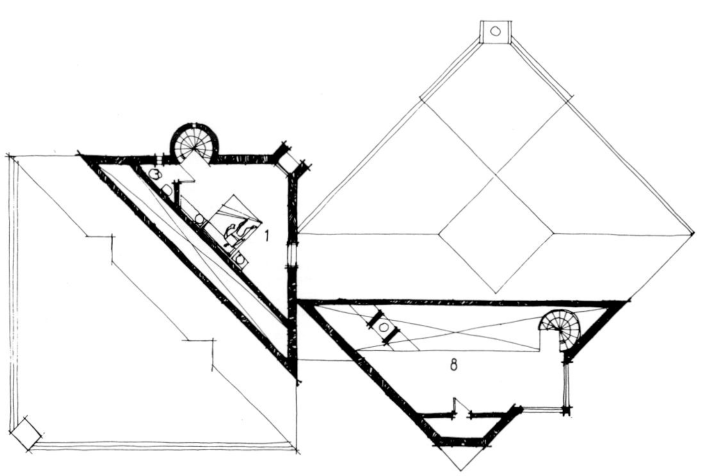

First floor plan/Planta primer piso

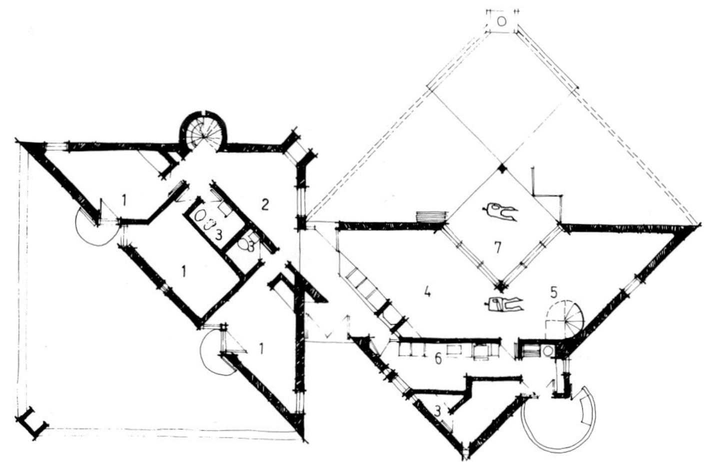

Ground floor plan/Planta baja

Habitat Co
Consorcio
Córdoba 1971

Lenta House/
Casa Lenta
Córdoba 1970 (Project/Proyecto)

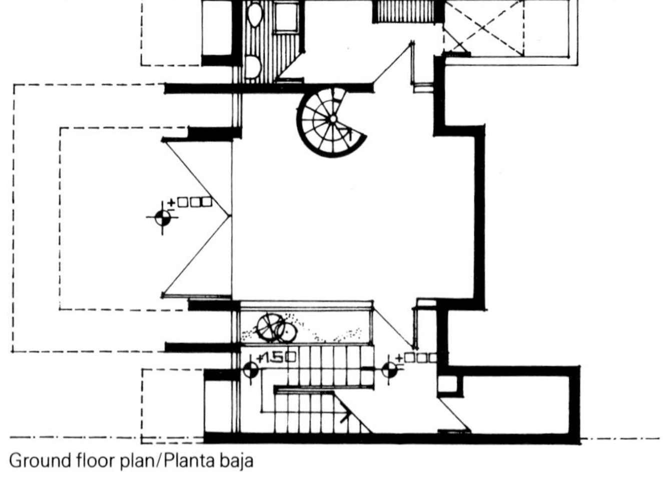

Ground floor plan/Planta baja

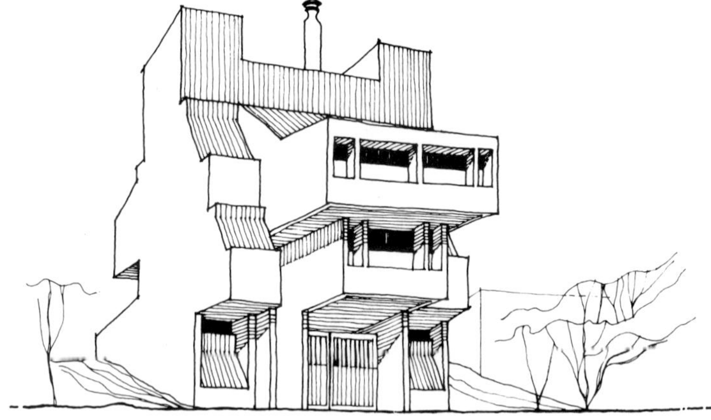

Perspective/Perspectivo

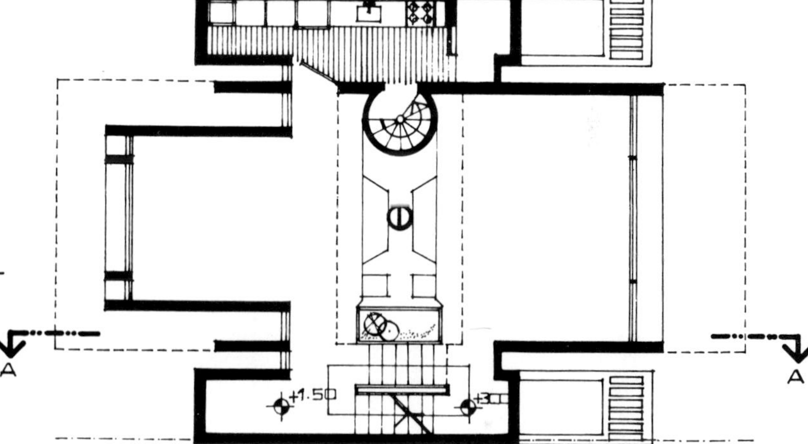

First floor plan/Planta primer piso

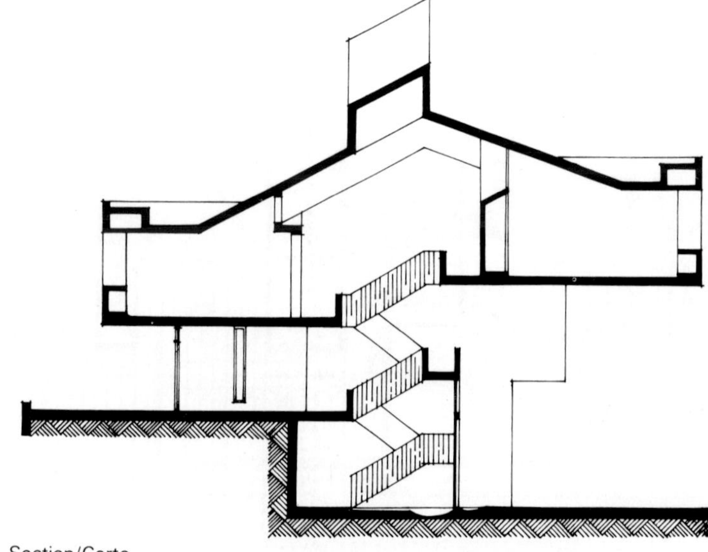

Section/Corte

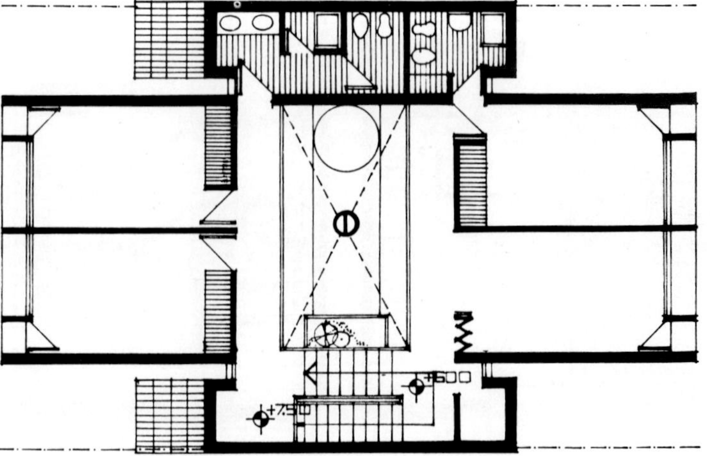

Second floor plan/Planta segundo piso

Section/Corte

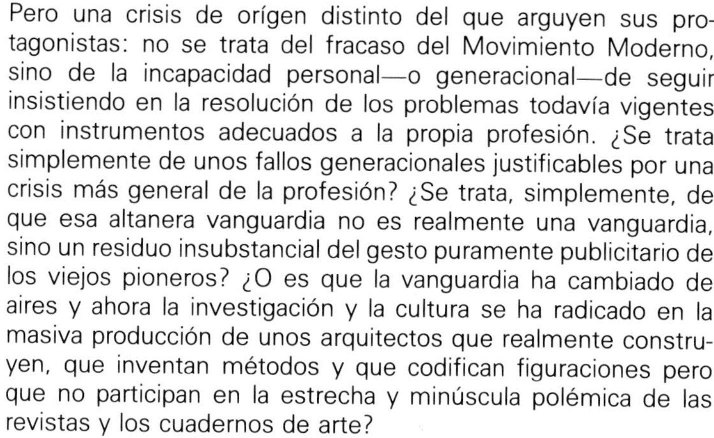

Cavallo
Casa Ca
Córdoba 197

can perceive a very real crisis. But it is a different crisis from the one argued by its protagonists: this is not a failure of the Modern Movement, but a personal—or generational—inability to insist on the resolution of the long-standing problems with the instruments suited to the profession. Is it merely a few generational failures which may be justified by a more general professional crisis? Does it simply mean that this haughty avant-garde is not really a vanguard but an insubstantial residue of the purely publicizing gesture of the old pioneers? Or is it that the avant-garde has changed its tune and that research and culture are now rooted in the mass-production of architects who actually build, who devise methods and codify configurations but do not participate in the narrow and restricted polemic of art magazines and publications?

The usual reference to a disciplinary autonomy dons the armour of a number of arguments favouring a kind of neutrality untouched by the obscure demands of the dominant ideology, and may thus appear as a new, progressive urge for change from the starting point of an uncontaminated attitude. Contamination is, nevertheless, an inalienable basis of architecture, and in this field there is no discipline without a participation in actual fact. Van de Velde, Mackintosh, Behrens or Hilberseimer were more disciplinarian than the antiseptic programmers of today. They did not disdain to collaborate with industry or with administration, and it was during this collaboration that the more dramatically revolutionary steps have been taken in the architecture of the last few centuries. Now, instead, a so-called ideological isolation has led some sectors of the architectural profession to accept the most flagrantly conventional symbolic repertoires, sometimes even using the excuse of irony and criticism quite inadequately transmitted by images which attain the very depths of convention.

The world of Miguel Angel Roca must be emphasized within this framework. This is not the place to stress matters of quality, but rather attitude and method. From Roca's viewpoint, architecture has always achieved materialization through production and control, according to the instruments of the profession.

His first works in Córdoba made a significant impact because, without exceeding the confines of mass-production and even accepting the demands of a consumer structure, they attempted polemic compositions which somehow shook up architectural culture in Argentina and in those countries undergoing similar conditions of development and economic dependence. The use of brick, for instance, in keeping with a tradition of craftsmanship, in morphological and urban structures originating in more advanced technological cultures, provided a global answer to continuing conformity. This was surely the first negative reflection on the false optimism of much of Argentinian culture which survived aloof from a weakened Argentinian reality. It was not exactly a solution propounded as a definitive programme. It was

Pero una crisis de orígen distinto del que arguyen sus protagonistas: no se trata del fracaso del Movimiento Moderno, sino de la incapacidad personal—o generacional—de seguir insistiendo en la resolución de los problemas todavía vigentes con instrumentos adecuados a la propia profesión. ¿Se trata simplemente de unos fallos generacionales justificables por una crisis más general de la profesión? ¿Se trata, simplemente, de que esa altanera vanguardia no es realmente una vanguardia, sino un residuo insubstancial del gesto puramente publicitario de los viejos pioneros? ¿O es que la vanguardia ha cambiado de aires y ahora la investigación y la cultura se ha radicado en la masiva producción de unos arquitectos que realmente construyen, que inventan métodos y que codifican figuraciones pero que no participan en la estrecha y minúscula polémica de las revistas y los cuadernos de arte?

La habitual referencia a una autonomía disciplinar se reviste de una serie de argumentos en favor de una neutralidad no sometida a los recónditos imperativos de la ideología dominante y, por lo tanto, puede presentarse como una nueva voluntad progresiva de transformación desde una actitud incontaminada. La contaminación es, no obstante, una base inalienable de la arquitectura y no hay en este campo una disciplinariedad sin participar en la realidad. Más disciplinares y más activos fueron Van de Velde, Mackintosh, Behrens o Hilberseimer que los asépticos programadores de hoy. No desecharon colaborar ni con la industria ni con la administración y en esta colaboración pudieron marcar los pasos más revolucionarios que se han dado en la arquitectura de los últimos siglos. En cambio, el pretendido aislamiento ideológico ha llevado hoy en algunos sectores de la arquitectura reciente a la aceptación de los repertorios simbólicos más convencionales, aunque sea con la excusa de una ironía y una crítica muy escasamente transmitida por unas imágenes que alcanzan la misma convencionalidad.

Es en este cuadro de referencia que interesa subrayar la labor de Miguel Angel Roca. No se trata tanto de subrayar aquí un problema evidente de calidad, sino una actitud y un método. Para Roca la arquitectura ha pasado siempre a través de la producción y el control según los instrumentos de la profesión.

Sus primera obras en Córdoba causaron un impacto importante porque, sin moverse del campo de la producción de masa y hasta aceptando las exigencias de una estructura de consumo, plantearon temas polémicos que de alguna manera traquetearon la cultura arquitectónica de la Argentina y de los países que estaban en parecidas condiciones de desarrollo y de dependencia económica. El uso del ladrillo, por ejemplo, manteniendo su lenguaje de tradición artesanal, en estructuras morfológicas y urbanas procedentes de culturas tecnológicas más evolucionadas, fué una contestación global al conformismo continuista. Fué seguramente la primera reflexión negativa al falso optimismo de mucha arquitectura argentina que se implan-

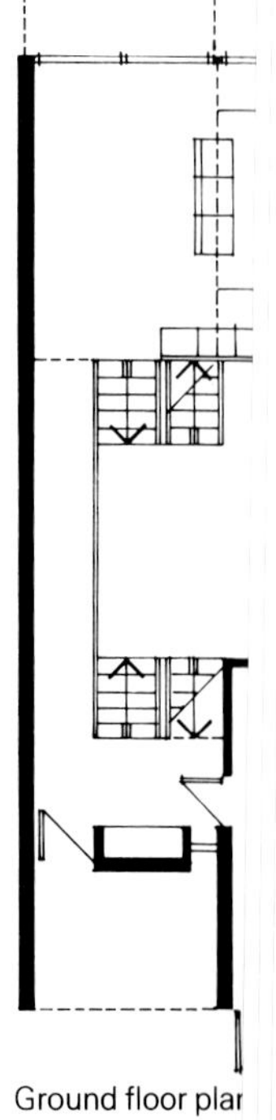

Ground floor plan

a reflection offered within a strict discipline and a concrete profession.

The way Roca has managed to assimilate the successive experiences of European architecture—sentimentally rooted in Argentina ever since the 19th century—or the way he has manipulated autochthonous traditions has never been through a Utopian programme, but through a conviction that architecture must subsist in a contaminated environment, and that within this pollution it is possible to carry out efficient research and realize a proposition with far-reaching renovating aims, even beyond its circumstances.

The direct participation of Roca during his latest phase in the control of Córdoba Town Planning from within the Administration, completes the picture of efficiency drawn by his professional attitude. No doubt it could be argued that the improvement of urban conditions in a city like Córdoba, where so many specific and general problems converge, is still a moot point. However, there is no doubt that his short performance has made good use of what circumstances allowed: to carry out a step-by-step programme of self-explanatory, completed instances which fundamentally tackle the problem of significant spaces. Virtually restricted to this topic, he has not only solved concrete problems, but has also established the foundations for further research. No doubt this research will also deal with methodological problems in the treatment of degraded or insignificant urban environments, and will enable a check to be made on the urban and social proficiency of formal systems of representation which have so far not been put into practice or made into projects that could or would be carried out.

An attitude and a method, founded on professionalism and participation, are thus the exemplifying characteristics of Roca's work. No doubt, over and above this there is the matter of quality which the reader may readily appreciate in the illustrated pages of this book. Without the quality, neither attitude nor method would serve, nor would professionalism be the cornerstone of research or the sustenance of culture.

taba al margen de la debilitada realidad del país. No era, propiamente, una solución planteada como un programa definitivo. Era una reflexión ofrecida con los medios de una estricta disciplina y una concreta profesión.

La manera como Roca ha sabido asimilar las sucesivas experiencias de la arquitectura europea—tan sentimentalmente enraizada en Argentina desde el Ochocientos—o como ha manipulado las tradiciones autóctonas no pasan nunca por un programa utópico, sino por el convencimiento de que la arquitectura vive siempre en un ambiente contaminado y como en esta contaminación es posible una investigación eficaz y una propuesta que alcance incluso propósitos renovadores más allá de sus circunstancias.

La participación directa de Roca, durante su última etapa, en el control del Urbanismo de Córdoba desde la Administración, viene a completar ese panorama de eficacia que presenta su actitud profesional. Es, sin duda, discutible cual es el camino adecuado para la mejora de las condiciones urbanas de una ciudad como Córdoba en la que confluyen tantos problemas generales y específicos. Pero no hay duda que su corta actuación ha aprovechado lo que las circunstancias le permitían: realizar un programa puntual de ejemplos que se completan y explican en sí mismos y que atacan fundamentalmente el tema de los espacios significativos. Reducido prácticamente a este tema, no sólo ha resuelto problemas concretos, sino que ha planteado las bases de una posterior investigación. Esta investigación alcanzará sin duda problemas de metodología en el tratamiento de los ámbitos urbanos existentes degradados o faltos de significación y permitirá comprobar la eficacia urbana y social de unos sistemas de representación formal que hasta ahora no habían sido llevados a la práctica o a proyectos con intención y capacidad de realizarse.

Actitud y método, basados en la profesionalidad y la participación serían, por lo tanto, las características ejemplares de la obra de Roca. Sobre ello, hay, sin duda, el tema de la calidad que el lector podrá comprobar directamente en las páginas ilustradas de este libro. Sin este nivel de calidad, ni la actitud ni el método tendrían su eficacia ni la profesionalidad se erigiría en base de investigación y en sustento de la cultura.

LIST OF THE MOST IMPORTANT WORKS AND PROJECTS

1965   Carranza House (executed)
Dr. Amparo Losa House (executed)
Church, General Belgrano Village, Calamuchita (executed)
Sastre Social Club, Sante Fé (project)

1966   Faculty of Law and Social Sciences, University of Córdoba (prizewinner in competition)
Osaka Building
"Sastre Landowners" Offices, Sante Fé (executed)

1969   Malagueño Community Centre (executed)
Plaza España (executed)
Oreste Berta Workshop, Alta Gracia (executed)

1970   Lenta House (project)
Dr. José Ferreyra House (executed)
Humberto Primo Avenue and Jujuy Street Building (executed)
San Bernardo Hill Housing Complex (executed)

1971   South Consortium—houses for university teaching staff (executed)
Universitas Consortium—houses for university teaching staff (executed)
Habitat Consortium—houses for university teaching staff (executed)
Santo Domingo Housing Complex (executed)
Summa Prize
1000 Houses Neighbourhood, Córdoba–road to Los Boulevares (project)
San Martín Hospital, Paraná (prizewinner in competition)
Formosa Hospital (competition entry)
Misiones Hospital (competition entry)

1972   Balbis House (executed)
Bank of the Province of Córdoba, Central Office (project)
Bank of the Province of Córdoba, Juan B. Justo Branch (project)
Bank of the Province of Córdoba, San Martín Branch (executed)
Bank of the Province of Córdoba, Buenos Aires Branch (executed)
Bank of the Province of Córdoba, Pucará Branch (executed)
Bank of the Province of Córdoba, Río Tercero Branch (executed)
Bank of the Province of Córdoba, Monte Maíz Branch (project)
Bank of the Province of Córdoba, Inriville Branch (executed)

1973   Berretta Building (executed)

LISTA DE OBRAS Y PROYECTOS MAS SIGNIFICATIVOS

1965   Casa Carranza (ejecutada)
Casa Doctor Amparo Losa (ejecutada)
Iglesia Villa General Belgrano, Calamuchita (ejecutada)
Club Social Sastre, Sante Fé (proyecto)

1968   Facultad de Derecho y Ciencias Sociales, Universidad de Córdoba (concurso premiado)
Edificio Osaka
Oficinas "Hacendados Sastre", Sante Fé (ejecutado)

1969   Centro Comunitario Malagueño (ejecutado)
Plaza España (ejecutado)
Talleres Oreste Berta, Alta Gracia (ejecutada)

1970   Casa Lenta (proyecto)
Casa Doctor José Ferreyra (ejecutada)
Edificio Humberto Primo y Jujuy (ejecutado)
Conjunto Habitacional Cerro San Bernardo, Salta (ejecutado)

1971   Consorcio Sur—viviendas profesores universitarios (ejecutado)
Consorcio Universitas—viviendas profesores universitarios (ejecutado)
Consorcio Habitat—viviendas profesores universitarios (ejecutado)
Conjunto Habitacional Santo Domingo (ejecutado)
Premio *Summa*
Barrio 1000 viviendas Córdoba—camino a Los Boulevares (proyecto)
Hospital San Martín, Paraná (concurso premiado)
Hospital Formosa (concurso)
Hospital Misiones (concurso)

1972   Casa Balbis (ejecutada)
Banco de la Provincia de Córdoba, Casa Central (proyecto)
Banco de la Provincia de Córdoba, Sucursal Juan B. Justo (proyecto)
Banco de la Provincia de Córdoba, Sucursal San Martín (ejecutada)
Banco de la Provincia de Córdoba, Sucursal Buenos Aires (ejecutada)
Banco de la Provincia de Córdoba, Sucursal Pucará (ejecutada)
Banco de la Provincia de Córdoba, Sucursal Río Tercero (ejecutada)
Banco de la Provincia de Córdoba, Sucursal Monte Maíz (proyecto)
Banco de la Provincia de Córdoba, Sucursal Inriville (ejecutada)

1973   Edificio Berretta (ejecutado)
Sindicato Obreros de Sanidad (proyecto)

Union of Health Workers (executed)
Bank of the Province of Córdoba, Las Varillas Branch (project)
Bank of the Province of Córdoba, Mina Clavero Branch (project)
Bank of the Province of Córdoba, Las Junturas Branch (project)
Bank of the Province of Córdoba, Camilo Aldao Branch (project)
Bank of the Province of Córdoba, Plaza Rivadavia Branch (project)
Union of Oil Workers (project)
Neighbourhood of 1300 houses, Florencio Varela, Buenos Aires (prizewinner)

1974 San Pedrito Housing Complex—1200 houses and equipment, Jujuy (project)
"Pucara" School and Commercial Housing Complex, Jujuy (project)
"Argentino" Housing Complex—5000 houses for SMATA Trade Union

1975 Vesinm Building (executed)
54 houses for workers and clerks at Córdoba Brewery
Faculty of Architecture and Town Planning, National University of Córdoba (1st. prize in competition, project)
Oruro Cultural Centre, Bolivia (project)

1976 Centre of Community Equipment (educational, social, commercial facilities, etc.) Group of 700 houses
Offices for Dicor, S.A. TV Channel 8 (executed)

1977 Chilecito Complex
Italia I Building (executed)
Italia II Building (executed)
Derqui Consortium
Multifunctional Centre, Santa Cruz, Bolivia
Sacred Heart Church, Carlos Paz, Córdoba (executed)
Pacific Building, Main Office of INCONAS Consulting Offices (executed)

1978 Housing Complex—350 houses, San Salvador, Jujuy
Housing Complex—456 houses, San Salvador, Jujuy
Belle Ville Buildings I and II—Jockey Club Social Office (project)
Commercial and Industrial Centre, Villa Mercedes, San Luis
Dolores Building and Gallery of Light (project)
Villa Mercedes Credit Bank, San Luis (1st. prize in competition, project)
Paseo Azul Shopping Centre (executed)
Jujuy Town Hall and Housing Complex
Hotel Santa Catalina
Justo Daract Technical School
302 houses, urbanization and infrastructure, San Pedro, Jujuy
240 houses, San Pedro, Jujuy (1st. prize in competition, executed)

Banco de la Provincia de Córdoba, Sucursal Las Varillas (proyecto)
Banco de la Provincia de Córdoba, Sucursal Mina Clavero (proyecto)
Banco de la Provincia de Córdoba, Sucursal Las Junturas (proyecto)
Banco de la Provincia de Córdoba, Sucursal Camilo Aldao (proyecto)
Banco de la Provincia de Córdoba, Sucursal Plaza Rivadavia (proyecto)
Sindicato Petroleros (proyecto)
Barrio en Florencio Varela—1300 viviendas Buenos Aires (premiado)

1974 Conjunto Habitacional San Pedrito—1200 viviendas y equipamiento, Jujuy (proyecto)

1975 Edificio Vesinm (ejecutado)
54 viviendas Obreros y Empleados de la Cervecería de Córdoba
Facultad de Arquitectura y Urbanismo de la Universidad Nacional de Córdoba (1er. premio concurso, proyecto)
Centro Cultural Oruro, Bolivia (proyecto)

1976 Centro de Equipamiento Comunitario (educacional, social, comercial etc.) Conjunto 700 viviendas
Oficinas Dicor S.A. Canal 8 TV (ejecutado)

1977 Conjunto Chilecito
Edificio Italia I (ejecutado)
Edificio Italia II (ejecutado)
Consorcio Derqui
Centro Multifuncional Santa Cruz, Bolivia
Parroquia del Sagrado Corazón (ejecutada)
Edificio Pacífico – Sede Central de la Consultoria INCONAS oficinas (ejecutado)

1978 Conjunto Habitacional—350 viviendas San Salvador, Jujuy
Conjunto Habitacional—456 viviendas San Salvador, Jujuy
Edificio Belle Ville I y II—Sede Social Jockey Club (proyecto)
Centro Comercial e Industrial Villa Mercedes, San Luis
Edificio Dolores y Galería de la Luz (proyecto)
Caja de Créditos Villa Mercedes, San Luis (1er. premio, proyecto)
Centro Comercial Paseo Azul (ejecutado)
Municipalidad de Jujuy y Complejo Habitacional
Hotel Santa Catalina
Escuela Técnica Justo Daract
302 viviendas, urbanización e infraestructura, San Pedro, Jujuy
240 viviendas San Pedro, Jujuy (1er. premio, ejecutada)
250 viviendas Senillosa, Neuquén (1er. premio, ejecutada)

1979 820 viviendas El Arenal, Jujuy (proyecto)

250 houses, Senillosa, Neuquén (1st. prize in competition, executed)

1979 820 houses, El Arenal, Jujuy (project)
790 houses, Alto Castañeda, Jujuy (project)
185 houses, Alto Bertres, Jujuy (project)
567 houses, Paraná (project)
319 houses, Paraná (project)
394 houses, Pericó City (project)

1979–80 Strategy of Intervention at City Scale, Córdoba
Global plan (executed)
Strategy of Intervention in the Central Area, Córdoba (executed)
Ambiente 1st. prize for the best urban realization of the decade in Argentina
Neighbourhood Intervention Strategy (executed)
Pedestrian Area Passaje Santa Catalina (executed)
Plaza de Armas (executed)
Paseo de las Artes Cultural Centre (executed)
Pedestrian Area Obispo Trejo and Rivera Indarte, between 27 de Abril and Colón (executed)
Pedestrian Area 9 de Julio—25 de Mayo (executed)
Pedestrian Area Obispo Trejo between Duarte Quirós and 27 de Abril (executed)

1980 Vélez Sársfield and Duarte Quirós Building (project)
Chaco 2020 houses (competition project)
Eastern Regional Clinic (project)
New Town for 6000 families—urbanization, infrastructure, equipment and houses, Protea, South Africa
International Hotel in New Territories, Hong Kong
Small Administrative Centre, Johannesburg, South Africa
Jabulani Administrative Centre and Town Hall, Soweto, South Africa
Chacabuco Building
Commercial Gallery Road 20
Paseo de la Merced Commercial Gallery
San Jerónimo Building
Salta Provincial Theatre (competition)
Emergency Hospital, Córdoba
San Vicente Market, refunctionalization (executed)
Alta Market, Córdoba, refunctionalization (executed)
General Paz Market, refunctionalization (executed)
Plaza Cívica
Plaza Italia (executed)
Plazoleta Ambrosio Funes (executed)
Río Primero—landscape recovery, Central Park, Córdoba
Entrance to Córdoba from Airport Road

1981 Premier Milling Corporation Headquarters, Johannesburg, South Africa
Killarmy Apartments, Anglo-American, South Africa
Protea New Town, South Africa
Krugersdorf Civic Centre, South Africa
Tai Long Wan Leisure Community, Lan Tau Island, Hong Kong

790 viviendas Alto Castañeda, Jujuy (proyecto)
185 viviendas Alto Bertres, Jujuy (proyecto)
567 viviendas Paraná (proyecto)
319 viviendas Paraná (proyecto)
394 viviendas Ciudad Pericó (proyecto)

1979–80 Estrategia de Intervención a Escala Ciudad, Córdoba
Plan global (ejecutado)
Estrategia de Intervención, Area Central, Córdoba (ejecutado)
1er. Premio *Ambiente* a la mejor realización urbanística de la década en Argentina
Estrategia de Intervención Barrial (ejecutado)
Peatonal Pasaje Santa Catalina (ejecutada)
Plaza de Armas (ejecutada)
Centro Cultural Paseo de las Artes (ejecutada)
Peatonal Obispo Trejo y Rivera Indarte entre 27 de Abril y Colón (ejecutada)
Peatonal 9 de Julio—25 de Mayo, cinco cuadras (ejecutada)
Peatonal Trejo entre Duarte Quirós y 27 de Abril (ejecutada)

1980 Edificio Vélez Sársfield y Duarte Quirós (proyecto)
Chaco 2020 viviendas (concurso proyecto)
Clínica Regional del Este (proyecto)
Nueva Ciudad para 6000 familias—urbanización, infraestructura, equipamiento y viviendas Protea, Sud Africa
Hotel Internacional en New Territories, Hong Kong
Pequeño Centro Administrativo Barrial, Johannesburg, Sud Africa
Centro Administrativo de Jabulani, Sud Africa
Edificio Chacabuco
Galería Comercial Ruta 20
Galería Comercial Paseo de la Merced
Edificio de San Jerónimo
Teatro Provincial de Salta (concurso)
Hospital de Urgencia, Córdoba
Mercado San Vicente (ejecutado)
Mercado Alta, Córdoba (ejecutado)
Mercado General Paz (ejecutado)
Plaza Cívica
Plaza Italia (ejecutada)
Plazoleta Ambrosio Funes (ejecutada)
Río Primero—recuperación paisajística, Parque Central, Córdoba
Ingreso a Córdoba Ruta Aeropuerto
Parquización Ruta Aeropuerto (en ejecución)

1981 Sede Corporación Premier Milling, Johannesburg, Sud Africa
Departamentos en Killarmy, Anglo-American, Sud Africa
Ciudad Nueva de Protea, Sud Africa
Centro Cívico Krugersdorf, Sud Africa
Communidad Recreativa en Tai Long Wan, Isla de Lan Tau, Hong Kong
Galería Av. Vélez Sársfield, Paseo de la Pérgola

Ave. Vélez Sársfield Gallery, Paseo de la Pérgola
1982 Strategy of Intervention in north-central and west Santiago, Chile—Market, Plaza Pratt, Plaza Brasil, Mapocho Railway Station
Peak Competition, Hong Kong
Parc de la Villette Competition, Paris
1983 Strategy for tourism in Neuquén province, southwest Argentina (1st. prize in competition)
Vespasiani House
Strategy of Intervention in San Martín de los Andes—Cultural Centre, Hotel, Commercial Centre, Pier
Dean Funes and Vélez Sársfield Gallery
1984 Rivadavia and Colón Gallery, Paseo de la Luz
Apartment Building in Santiago del Estero
SMATA Housing Complex
Strategy of Intervention in Rafaela—Arts Centre, Library and Museum, Sports Centre, Lineal Square, Pedestrian Area
Housing Scheme, La Rioja
LV2 Radio Córdoba, Córdoba

1982 Santiago de Chile, Propuesta Urbanística para Santiago Poniente y Borde Norte del Area Central—Mercado, Plaza Pratt, Plaza Brasil, Estación Ferroviaria Mapocho
Concurso del Peak, Hong Kong
Concurso Parc de la Villette, París
1983 Sistematización Turística de la zona de lagos Cordilleranos, Neuquén (1er. premio concurso)
Casa Vespasiani
Estrategia de Intervención en San Martín de los Andes—Centro Cultural, Hotel, Centro Comercial, Muelle Barcos
Galería Dean Funes y Vélez Sársfield
1984 Galería Rivadavia y Colón, Paseo de la Luz
Edificio Santiago del Estero
Conjunto Habitacional SMATA
Estategia de Intervención Urbana en Rafaela—Centro de Arte, Biblioteca y Museo, Centro Deportivo, Plaza Lineal, Peatonal Central
Conjunto Habitacional, La Rioja
Radio LV2 Córdoba, Córdoba

Miguel Angel Roca's collaborators during these years

Marcelo Chammás, Ernesto Bedmar, Cristina González, Mónica Albónico, Ricardo Yarochesvy, Carlos Bridaroli, René Aliaga, Jorge Sánchez, Susana Gómez, Eduardo Kern, Eduardo Bompadre, Carlos Moya, Juan Laurencigh, Juan Carlos Yadarola, Rubén Lapissonde, Carlo Barbaresi, Daniel Conci, Roberto Ferraris, Nancy Stocco, Carlos Barrado, Federico Barberis, Roberto Giubergia, Hipolito Bugliotti, and others

Occasional associates in some works (refer to *Summa*)

Jaime Guillermo Roca (father), Eduardo Gaggiano, María Rosa Roca, Tomás Pardina, Clorindo Testa-Lacarra, Juan Ruiz Orrico, Carlos Feretti, Juan Giunta, Luis Cuenca, Diaz Lesta, Juan Chiavassa-Checchi, Roberto Viecens, D. Conci, M. Curet-Jorge, Marcelo Chammás, Ernesto Bedmar, A. Bissio

International Partners

W. O. Meyer, F. Pienaar & Partners and S. Abramovitz, M. Sack, M. Feldman, R. Crowhurst Inc integrating with Miguel Angel Roca the firm Co-Plan (China and South Africa projects)

Major Contractors

Fazio SA, Carusso SA, Alvarellos SA, Ramos Hnos SA, Carem SA, Item SA, Konstrucciones SA, Vesinm SA, Delta SA, Conti SA, Lucca y Lapanya SA, Caminos SA, Palmar SA, Astori Estructuras SA, Arquing Placasa, Pucheta, and others

ADDENDA

Jabulani: Partner in charge of development Miguel Angel Roca. Protea: Partner in charge of development Miguel Angel Roca. Krugersdorf: Partner in charge of development Floris Smith. Premier Milling: Partner in charge of development François Pienaar

Associates

Villa Mercedes: R. Viecens. Río I: C. Feretti, J. Giunta. South Africa: E. Bedmar, M. Albónico. Faculty of Architecture and Urbanism, University of Córdoba Chiavassa: L. Checchi. Plaza Cívica: E. Gaggiano. Bank of the Province of Córdoba (working drawings): T. Pardina, L. Cuenca, M.R. Roca, J. Ruiz Orrico, G. Díaz, J. Giunta. Santiago Poniente (planning, not design): P. Murtinho and Associates, C. Feretti, G. Munizaga. Tourist planning, Neuquén (planning, not design): J.L. Ramos, M. Carrozzi, O. Ramaciotti, C. Feretti

Colaboradores de Miguel Angel Roca en estos años

Marcelo Chammás, Ernesto Bedmar, Cristina González, Mónica Albónico, Ricardo Yarochesvy, Carlos Bridaroli, René Aliaga, Jorge Sánchez, Susana Gómez, Eduardo Kern, Eduardo Bompadre, Carlos Moya, Juan Laurencigh, Juan Carlos Yadarola, Rubén Lapissonde, Carlo Barbaresi, Daniel Conci, Roberto Ferraris, Nancy Stocco, Carlos Barrado, Federico Barberis, Roberto Giubergia, Hipolito Bugliotti, y otros

Asociados eventuales en alguna obra (referir a *Summa*)

Jaime Guillermo Roca (padre), Eduardo Gaggiano, María Rosa Roca, Tomás Pardina, Clorindo Testa-Lacarra, Juan Ruiz Orrico, Carlos Feretti, Juan Giunta, Luis Cuenca, Diaz Lesta, Juan Chiavassa-Checchi, Roberto Viecens, D. Conci, M. Curet-Jorge, Marcelo Chammás, Ernesto Bedmar, A. Bissio

Socios Internacionales

W. O. Meyer, F. Pienaar & Partners y S. Abramovitz, M. Sack, M. Feldman, R. Crowhurst Inc integrantes con Miguel Angel Roca de la firma Co-Plan (proyectos China y Sud Africa).

Empresas Constructoras

Fazio SA, Carusso SA, Alvarellos SA, Ramos Hnos SA, Carem SA, Item SA, Konstrucciones SA, Vesinm SA, Delta SA, Conti SA, Lucca y Lapanya SA, Caminos SA, Palmar SA, Astori Estructuras SA, Arquing Placasa, Pucheta, y otros

ADICION

Jabulani: Socio a cargo del desarrollo Miguel Angel Roca. Protea: Socio a cargo del desarrollo Miguel Angel Roca. Krugersdorf: Socio a cargo del desarrollo Floris Smith. Premier Milling: Socio a cargo del desarollo François Pienaar

Asociados

Villa Mercedes: R. Viecens. Río I: C. Feretti, J. Giunta. Sud Africa: E. Bedmar, M. Albónico. Facultad de Arquitectura y Urbanismo, Universidad Nacional de Córdoba Chiavassa: L. Checchi. Plaza Cívica: E. Gaggiano. Banco de la Provincia de Córdoba (en planos de obra): T. Pardina, L. Cuenca, M.R. Roca, J. Ruiz Orrico, G. Díaz, J. Giunta. Santiago Poniente (en planeamiento no en diseño): P. Murtinho y Asociados, C. Feretti, G. Munizaga. Plan turístico en Neuquén (en planeamiento no en diseño): J.L. Ramos, M. Carrozzi, O. Ramaciotti, C. Feretti

BIBLIOGRAPHY

Writings by Miguel Angel Roca
Summa 1978, "Stories and Design Philosophy"
Summarios 1979, "Kahn in India"
Architectural Design 1980, "Shadow is Light"
Summarios 1981, "Kahn: His Thought and Work
Revista Ambiente 1981, "International Questionnaire"
Projeto Brasil 1984, "To make the city, to build culture, to dream the house"
Summa 1985, "To think the city, to celebrate the place, to recognize the ownness"

Articles on Miguel Angel Roca
Gaggiano, Eduardo "The Architect is a Lonely Hunter" *Summa* no. 55, 1972
Gaggiano, Eduardo "Miguel Angel Roca, Etre Architecte en Argentine" *Architecture d'Aujourd'hui* no. 183, 1976
Glusberg, Jorge "Poetry—Architecture" *Architectural Design* no. 11/12, 1980
Halac, Raúl and Rainis, Liliana *Revista Ambiente* no. 23, 1981
Jones, J. Christopher "Miguel A. Roca" *Architectural Design* 1980
Pesci, Rubén "Miguel Angel Roca" *Revista Ambiente* no. 22, 1980
Waisman, Marina "Miguel Angel Roca" *Summa* no. 55, 1972
Waisman, Marina "Argentinian Architecture" *Domus* no. 525, 1973
Waisman, Marina "Miguel Angel Roca Five Years On" *Summa* no. 128, 1978
Waisman, Marina *Techniques et Architecture* March 1981

Publications
Nuestra Arquitectura—Oreste Berta Workshop, 1971
Summa—Housing of social interest. 1st. prize Santo Domingo Complex, 1972
Nuestra Arquitectura—Santo Domingo Complex, 1972
Summa no. 55—Wholly dedicated to the work of the studio between 1968 and 1972
Domus no. 525—Santo Domingo Housing Complex, 1972
Summa—1,300 houses at Florencio Varela, 1974
Summa—Argentino Housing Complex, 300 houses in Córdoba, 1975
Architecture d'Aujourd'hui no. 183—9 published works, 1976
Summa no. 128—Dedicated to the work of the studio between 1973 and 1978; "Miguel Angel Roca five years later", 1978
Summa no. 134—Bank of the Province of Córdoba, Buenos Aires Branch, 1979
Summa no. 136—Fonavi 240 houses at San Pedro Jujuy; Senillosa Complex, Senillosa-Neuquén
Bauen und Wohnen no. 5—3 published works, 1979
Summa no. 151—Pedestrian malls, Plaza de Armas, Plazas España, Cívica and Italia, 1980
Revista Ambiente no. 22—Intervention in Córdoba, 1980
Revista Ambiente no. 23—Intervention in Córdoba, 1980
Summa no. 155—Río Primero and Paseo de las Artes Cultural Centre (ex Pasaje Revol), 1980
Architecture d'Aujourd'hui no. 206—Balbis House, 1980
Architectural Design no. 11/12 1980—6 projects, 1980
Techniques et Architecture—10 projects, March 1981
Architecture d'Aujourd'hui Jan./Feb.—Bank of the Province of Córdoba, Buenos Aires Branch, 1981
Revista Ambiente no. 24—International Survey, 1981

BIBLIOGRAFIA

Escritos de Miguel Angel Roca
Summa 1978, "Cuentos y Filosofía de Diseño"
Summarios 1979, "Kahn en India"
Architectural Design 1980, "Shadow is Light"
Summarios 1981, "Kahn, su pensamiento y obra"
Revista Ambiente 1981, "Cuestionario Internacional"
Projeto Brasil 1984, "Hacer ciudad, construir cultura, soñar la casa"
Summa 1985, "Penser la ciudad, celebrar el lugar, reconocer lo propio"

Artículos sobre Miguel Angel Roca
Gaggiano, Eduardo "El arquitecto es un cazador solitario" *Summa* no. 55, 1972
Gaggiano, Eduardo "Miguel Angel Roca, Etre Architecte en Argentine" *Architecture d'Aujourd'hui* no. 183, 1976
Glusberg, Jorge "Poetry—Architecture" *Architectural Design* no. 11/12, 1980
Halac, Raúl y Rainis, Liliana *Revista Ambiente* no. 23, 1981
Jones, J. Christopher "Miguel A.Roca" *Architectural Design* 1980
Pesci, Rubén "Miguel Angel Roca" *Revista Ambiente* no. 22, 1980
Waisman, Marina "Miguel Angel Roca" *Summa* no. 55, 1972
Waisman, Marina "Arquitectura Argentina" *Domus* no. 525, 1973
Waisman, Marina "Miguel Angel Roca cinco años después", *Summa* no. 128, 1978
Waisman, Marina *Techniques et Architecture* marzo 1981

Publicaciones
Nuestra Arquitectura—Talleres Oreste Berta, 1971
Summa—Viviendas de Interés Social 1er. premio Complejo Santo Domingo, 1972
Nuestra Arquitectura—Santo Domingo Complex, 1972
Summa no. 55—Integramente dedicado a la labor del estudio entre 1968 y 1972, 1972
Domus no. 525—Conjunto Habitacional Santo Domingo, 1972
Summa—1,300 viviendas en Florencio Varela, 1974
Summa—Conjunto Habitacional Argentino, 300 viviendas en Córdoba, 1975
Architecture d'Aujourd'hui no. 183—9 obras publicadas, 1976
Summa no. 128—Dedicado al estudio en su producción 1973-1978; "Miguel Angel Roca cinco años después", 1978
Summa no. 136—Fonavi 240 viviendas en San Pedro-Jujuy; Senillosa Complex, Senillosa-Neuquén
Bauen und Wohnen no. 5—3 obras publicadas, 1979
Summa no. 151—Peatonales, Plaza de Armas, Plazas España, Cívica e Italia, 1980
Revista Ambiente no. 22—Intervención en Córdoba, 1980
Revista Ambiente no. 23—Intervención en Córdoba, 1980
Summa no. 155—Río Primero y Centro Cultural Paseo de las Artes (ex Pasaje Revol), 1980
Architecture d'Aujourd'hui no. 206—Casa Balbis, 1980
Architectural Design no. 11/12—6 obras, 1980
Techniques et Architecture—10 obras, marzo 1981
Architecture d'Aujourd'hui enero/febrero—Banco de la Provincia de Córdoba, Sucursal Buenos Aires, 1981
Revista Ambiente no. 24—Apeo Internacional, 1981
Architecture d'Aujourd'hui, —Hospital de urgencia, 1981

Architecture d'Aujourd'hui, March/April—Emergency Hospital,
Architecture d'Aujourd'hui nos. 183, 206, 207, 213, 214, Jan./Feb. 1985
Techniques et Architecture no. 334, 1981
Domus nos. 525, 627
Lotus International no. 39, 1980
Werk Bauen Wohnen no. 5/6, 1983
Architecture AIA Aug. 1982, Sept. 1984—First and third previews of recent world architecture
Architectural Record July 1984
Architectural Design Dec. 1980, Dec. 1981, Jan./Feb. 1984, Nov./Dec. 1984
A + U no. 12, Dec. 1984
Space Design no. 15, 1983
Ambiente nos. 22, 24 and 43
Summa nos. 30, 36, 55, 71, 94, 128, 134, 136, 151, 173, 178/179, 186, 189 and 210

Books by Miguel Angel Roca
Hacer Ciudad (Making Cities), Universidad Nacional de Córdoba, October 1983
Lugares urbanos y estrategias (Urban Places and Strategies), Universidad Nacional de Córdoba, April 1984
Arquetipos y modernidad (Archetypes and Modernity), Ediciones Summa, November 1984

Books on Miguel Angel Roca
Miguel Angel Roca, text by O. Bohigas, J. Glusberg and M.A. Roca. Academy Editions
Miguel Angel Roca, arquitecto, text by J. Glusberg. Edición Cuadernos UIA

Architecture d'Aujourd'hui nos. 183, 206, 207, 213, 214, enero/febrero 1985
Techniques et Architecture no. 334, 1981
Domus nos. 525, 627
Lotus International no. 39, 1980
Werk Bauen Wohnen no. 5/6, 1983
Architecture AIA agosto 1982, setiembre 1984
Architectural Record julio 1984
Architectural Design diciembre 1980, diciembre 1981, enero/febrero 1984, noviembre/diciembre 1984
A + U no. 12, diciembre 1984
Space Design no. 15, 1983
Ambiente nos. 22, 24 y 43
Summa nos. 30, 36, 55, 71, 94, 128, 134, 136, 151, 173, 178/179, 186, 189 y 210

Libros de Miguel Angel Roca
Hacer Ciudad, Universidad Nacional de Córdoba, octubre 1983
Lugares urbanos y estrategias, Universidad Nacional de Córdoba, abril 1984
Arquetipos y modernidad, Ediciones Summa, noviembre 1984

Libros sobre Miguel Angel Roca
Miguel Angel Roca, textos O. Bohigas, J. Glusberg y M.A. Roca. Academy Editions
Miguel Angel Roca, arquitecto, texto J. Glusberg. Edición Cuadernos UIA

BIOGRAPHY

Studies
Colegio Nacional de Monserrat. "Duarte Quirós" prize for the best student in six years
Universidad Nacional de Córdoba. Graduated as Architect-Urban Designer in 1963, the best student of the year
University of Pennsylvania, Philadelphia. Master of Architecture, Louis Kahn's class, 1966-67. Worked with Louis Kahn 1967-68. Urban and Regional Planning (PIAPUR), 1969

Congresses Attended as Invited Lecturer, Panellist
II International Conference of Architectural Critics, Buenos Aires 1980
OICCI—Congress of Latin-American Municipalities, Montevideo 1980
CIANA—Congress of the Spanish and Latin-American Institutes of Architects, Madrid 1981
II International Symposium, Mexico 1981
III Biennal of Architecture, Santiago, Chile 1981
I Argentinian Congress of Environmentalists, Belgrano University, Buenos Aires 1981
I Latin-American Congress of Ecology, Buenos Aires, Morón 1982
I Symposium of Brazilian Urban Design, Brasilia 1984

Lectures at Institutes of Architects
Capital Federal, La Plata, La Matanza, Mar del Plata, Paraná, Menoza, San Juan, Jujuy, La Rioja, Córdoba, CIANA (Congress of the Spanish and Latin-American Institutes of Architects) Madrid, Johannesburg, Santiago (Chile), Rio de Janeiro

Lectures at Universities and Cultural Centres
University of Pennsylvania, Philadelphia; Columbia University, New York; Washington University, St. Louis; Ecole des Beaux-Arts, Paris;

BIOGRAFIA

Estudios Cursados
Bachillerato: Colegio Nacional de Monserrat. Premio "Duarte Quirós" al mejor promedio en seis años
Universitarios: Universidad Nacional de Córdoba. Arquitecto-Urbanista, 1963. Mejor promedio de la promoción
Cursos de postgrado: en Planeamiento Urbano Regional (PIAPUR) 1969. Título de Master de Arquitectura, Universidad de Pensilvania, Filadelfia 1966-67 con Louis I. Kahn, con quién trabajó un año

Congresos
(Se mencionan solamente aquellos de asistencia por invitación y como miembro activo)
II Encuentro Internacional de Críticos de Arquitectura, Buenos Aires 1980
OICCI— Congreso Municipalidades Iberoamericanas, Montevideo 1980
CIANA—Madrid 1981
II Encuentro Internacional de Críticos de Arquitectura, México 1981
III Bienal de Arquitectura, Chile 1981
I Congreso Argentino del Ambiente, Universidad de Belgrano, Buenos Aires 1981
I Congreso Latinoamericano de Ecología, Morón 1982
I Seminario de Diseño Urbano de Brasil, Brasilia 1984

Conferencias en Sociedades de Arquitectos
Capital Federal, La Plata, La Matanza, Mar del Plata, Paraná, Mendoza, San Juan, Jujuy, La Rioja, Córdoba, CIANA (Consejo Iberoamericano de Asociaciones Nacionales de Arquitectos) Madrid, Johannesburg, Santiago de Chile, Rio de Janiero

Conferencias en Universidades y Centros
Universidad de Pensilvania, Filadefia; Universidad de Columbia, Nueva York;

University of Lisbon; University of Porto, Madrid; Portsmouth Polytechnic, England; Architectural Association, London; South Bank Polytechnic, London; University of Witwatersrand, Johannesburg; Universidad Católica de Santiago, Chile; Montevideo University, Chile; University of Porto Alegre, Brazil; University of Rio de Janeiro; University of Recife, Brazil; University of Bahia, Brazil; University of Belo Horizonte, Brazil; University of Minas Gerais, Brazil; University of Brasilia; School of the Applied Arts, Vienna; IBA 1984, Berlin

Seminars

Pennsylvania, Philadelphia; Witwatersrand, Johannesburg; Porto Alegre, Brazil; CAYC Buenos Aires, Argentina; etc

Public Appointments

Secretary of Public Works of the City of Córdoba, July 1979–April 1981
Head of .Plans and Projects Group at the Bank of the Province of Córdoba, 1972–1973

Competitions

1st. prize for the physical and tourist planning of the lakes area in Neuquén Province, 1982
1st. prize in a competition to design a building for the Faculty of Architecture and Town Planning, National University of Córdoba, 1975
1st. prize 240 houses, urbanization, infrastructure and equipment in San Pedro, Jujuy 1978
1st. prize Villa Mercedes Credit Bank, San Luis 1979
1st. prize 250 houses, urbanization, infrastructure and equipment in Senillosa, Neuquén 1979
1st. prize for the project for the central area of Córdoba awarded by *Revista Ambiente* magazine to the best environmental work of the 1970s
10 other national and international prizes

Teaching Curriculum

Instructor of design studio, School of Architecture, University of Córdoba, since 1963. Adjunct since 1965
Adjunct professor of second-year studio in Northwest University, Resistencia, 1965
Head of fourth-year design studio, University of Mendoza, 1968-70
Head of fifth-year design studio, University of Córdoba, 1974 to date
Guest lecturer, Witwatersrand University, Johannesburg, 1981-82
Visiting critic, University of Pennsylvania, 1983
Visiting professor, University of Texas, 1984
Acting head of design, vertical studio, second–fifth year, University of Buenos Aires, 1984

Exhibits

"Argentinian Architecture", the Brazilian Institute of Architects; (Sao Paulo, 3 July–8 August 1983; Rio de Janeiro, 3 September–15 October 1984)
The International Biennial of Architects, Pompidou Centre, Paris 1980
Argentinian Architects, Institute of Architects, Madrid 1982
Argentinian Architects, Venice School of Architecture 1983
Individual exhibits at: *Architectural Design*, London 1981; CAYC Centre, Buenos Aires 1979; University of Pennsylvania 1983

Honours

Honorary Fellow, American Institute of Architects

Universidad de Washington, St. Louis; Ecole des Beaux-Arts, París; Universidad de Lisboa; Universidad de Porto, Madrid; Portsmouth Polytechnic, Inglaterra; Architectural Association, Londres; South Bank Polytechnic, Londres; Universidad de Witwatersrand, Johannesburg; Universidad Católica de Santiago, Chile; Universidad de Montevideo, Chile; Universidad de Porto Alegre, Brasil; Universidad de Bahía, Brasil; Universidad de Recife, Brasil; Universidad de Belo Horizonte, Brasil; Universidad de Minas Gerais, Brasil; Universidad de Brasilia; Hochschule für Angewandte Kunst, Viena; IBA 1984, Berlín

Cursos Dictados

Pensilvania, Filadelfia; Witwatersrand, Johannesburg; Porto Alegre; CAYC Buenos Aires, etc.

Actividad Publica

Secretario de Obras Públicas de la Municipalidad de Córdoba. Julio de 1979—abril de 1981
Jefe de Estudios y Proyectos del Banco de la Provincia de Córdoba, 1972-73

Premios

1er. premio Neuquén, sistematización turística de la zona de lagos Cordilleranos, 1982
1er. premio edificio Facultad de Arquitectura, Universidad Nacional de Córdoba, 1975
1er. premio Conjunto Habitacional "240 viviendas, urbanización, infraestructura y equipamiento" en Senillosa, Neuquén, 1979
Premio *Ambiente* 1980 a la mejor realización urbanística de la década 1970-1980
Otros 10 premios nacionales e internacionales

Antecedentes Docentes

Profesor desde 1963 en la Facultad de Arquitectura y Urbanismo de la Universidad Nacional de Córdoba. Adjunto desde 1965
Adjunto Arquitectura II en Universidad Nacional del Noroeste, Resistencia 1965
Titular de Arquitectura IV en Universidad de Mendoza dos años, 1968-1970
Profesor Arquitectura V 1974 a la fecha, Universidad Nacional de Córdoba
Profesor Arquitectura IV en Universidad de Witwatersrand, Johannesburg, 1981-82
Visiting Critic, Universidad de Pensilvania, Filadelfia, octubre 1983
Visiting Professor, Universidad de Texas, Austin 1984
Titular Interino Taller Vertical, Universidad de Buenos Aires 1984

Exposiciones

"Arquitectura en la Argentina" en Instituto de Arquitectos de Brasil (Sao Paulo—3 de julio al 8 de agosto de 1983, Rio de Janiero—3 de setiembre al 15 de octubre de 1984)
Bienal Internacional de Arquitectos en Centro Pompidou, París 1980
Colegio de Arquitectos, Madrid, octubre 1982
Instituto Universitario de Architettura de Venezia, 1983
Exposiciónes individuales en *Architectural Design*, Londres 1981; CAYC Buenos Aires 1979; Universidad de Pensilvania, 1983

Honores

Honorary Fellow, American Institute of Architects